Oliver Luksic

Ist der Euro noch zu retten?

Zwischen Finanzmarktkrise und Staatsbankrott

Mit Vorworten von
Dr. Theo Waigel und Dr. Guido Westerwelle

Nomos

Die Deutsche Nationalbibliothek verzeichnet diese Publikation in der Deutschen Nationalbibliografie; detaillierte bibliografische Daten sind im Internet über http://dnb.d-nb.de abrufbar.

ISBN 978-3-8329-6572-3

1. Auflage 2011

Geleitwort von Dr. Theo Waigel, Bundesminister der Finanzen a.D.

Die europäische Gemeinschaftswährung ist ins Gerede gekommen. Zu Unrecht: Wir haben es gegenwärtig nicht mit einer Euro-Krise, sondern mit einer Haushalts- bzw. Schuldenkrise einiger Mitglieder der Europäischen Währungs-Union zu tun!

Die europäische Gemeinschaftswährung war das Ergebnis einer langjährigen währungspolitischen Diskussion zwischen den Mitgliedern der früheren Europäischen Wirtschaftsgemeinschaft. Der Euro resultiert aus der wirtschaftlichen Integration des europäischen Kontinents. Mit der Einheitlichen Europäischen Akte wurde die Grundlage für einen Binnenmarkt geschaffen, in dem keine Grenzen für Güter und Leistungen, Arbeitskräfte und Kapital bestehen. Der Euro bildet das monetäre Dach des Binnenmarktes. Auf Dauer wäre eine Europäische Wirtschaftsunion mit 10, 15 oder gar 27 Währungen nicht haltbar gewesen.

Der Euro liegt im existenziellen Interesse Deutschlands. Unsere Wirtschaft ist bekanntlich stark exportorientiert. Rund 50 % unserer Exporte gehen in die Länder der Euro-Zone. Die deutsche Wirtschaft ist über den Außenhandel hinaus durch grenzüberschreitende Investitionen auch kapitalmäßig stark mit den anderen Volkswirtschaften Europas verbunden.

Nach dem Zusammenbruch des Systems fester Wechselkurse von Breton Woods gingen die führenden Industriestaaten zu flexiblen Wechselkursen über. Infolge hoher Volatilität der Wechselkurse drängten die damaligen EWG-Mitglieder jedoch recht schnell auf einen Wechselkursverbund mit dem Ziel der Schaffung kalkulierbarer Rahmenbedingungen für ihren Außenhandel. Auch der gemeinsame Agrarmarkt war ohne einen Wechselkursverbund nicht aufrecht zu erhalten.

Nach langwierigen Diskussionen kam es aufgrund einer Initiative zwischen Helmut Schmidt und Giscard d'Estaing zur Einführung des Europäischen Währungssystems (EWS). Das System basierte auf festen bilateralen Wechselkursen mit begrenzten Schwankungsbreiten und dem sog. ECU als interner Verrechnungseinheit. Im Falle von Währungsanspannungen mussten die Notenbanken mit Interventionen auf den Devisenmärkten und mit Beistandskrediten einspringen. Bis zur Einführung des Euro waren indes im EWS über 20 Realigments erforderlich. Der Streit über Auf- und Abwertungen führte regelmäßig zu großen politischen Zerreißproben. Stets sah sich die Bundesbank gezwungen, mit zweistelligen Milliardenbeträgen zu intervenieren. Deutschland musste teilweise eine Überbewertung der D-Mark verkraften, was Arbeitsplatzverluste in der deutschen Exportwirtschaft zur Folge hatte.

Letztlich konnte das EWS nur eine relative Wechselkursstabilität garantieren. Am Ende war das System nur zu retten, in dem einige Mitglieder ausschieden und die Bandbreiten der Wechselkurse erheblich ausgeweitet wurden.

Auf dem EG-Gipfel 1987 in Hannover wurde der sog. Delors-Ausschuss eingesetzt, dessen Beratungen zur Grundlage für das Vertragswerk von Maastricht und damit für die Einführung einer echten Gemeinschaftswährung wurden. Die Europäische Währungsunion sieht eine einheitliche Geldpolitik bei gleichzeitig nationaler Verantwortung für die Haushaltspolitik vor. Um die Haushaltsdisziplin auch nach Einführung des Euro sicherzustellen, einigten sich die Partner auf den Europäischen Stabilitäts- und Wachstumspakt. Er wurde jedoch bedauerlicherweise auf Initiative von Deutschland und Frankreich später stark verwässert, da die beiden führenden Mitglieder der Euro-Zone die Vorgaben des Pakts in erheblichem Maße verletzten und sich Verfahren wegen eines exzessiven Defizits ausgesetzt sahen. Die Verwässerung des Pakts hatte fatale Folgen, in dem sich einige kleinere Euro-Mitglieder hierdurch zur Rückkehr in die frühere Schuldenwirtschaft ermutigt sahen.

Die Zwischenbilanz der Währungsunion nach 10 Jahren kann sich dennoch sehen lassen. Die Gemeinschaftswährung hat sich als globale Reserve- und Emissionswährung bewährt. Die unabhängige Europäische Zentralbank genießt weltweite Reputation. Während der Irak-Krise war es die einheitliche Währung, die ein Auseinanderbrechen der Europäischen Union verhinderte. Nach dem Platzen der New-Economy und während der jüngsten Finanzkrise hat sich der Euro als Anker der Stabilität erwiesen. Das frühere EWS bot hiergegen keinen Schutz und wäre mit Sicherheit auseinander gebrochen. Die frühere D-Mark hätte sich in der jetzigen Krise einem enormen Aufwertungsdruck ausgesetzt gesehen mit allen negativen Folgen für den Export.

Die Stabilität des Euro steht auch angesichts der neuen Herausforderungen außer jedem Zweifel. Die Steigerungsrate des Preisniveaus lag in den ersten 10 Jahren seit der Euro-Einführung unter dem entsprechenden Wert der D-Mark-Zeit. Auch gegenwärtig gibt es keine Anzeichen für eine Gefährdung der inneren Stabilität des Euro. Gleiches gilt für den Außenwert. Wie die D-Mark früher ist auch der Euro gegenüber dem US-Dollar und anderen Währungen erheblichen Schwankungen ausgesetzt, die von 84 amerikanischen Cent im Oktober 2000 bis zu fast 1,60 Dollar im April 2008 reichten. Trotz der Spannungen auf den Finanzmärkten und der Krisen einiger Euro-Mitglieder liegt der Außenwert des Euro höher als zum Start der Währungsunion.

Das vorliegende Buch des FDP-Bundestagsabgeordneten Oliver Luksic untersucht die Ursachen und Folgen der globalen Finanzmarktkrise und deren Auswirkungen auf die Haushaltskrisen im Euro-Raum. Die Analyse verdeutlicht, was ich zu Anfang geschrieben habe: Wir haben es gegenwärtig nicht mit einer Euro-Krise, sondern mit einer Haushalts- bzw. Schuldenkrise einiger Mitglieder der Europäischen Währungsunion zu tun. Glaubwürdige und effektive Pflöcke gegen die Haushaltskrise einzuschlagen, Strukturreformen zur Stärkung der Wettbewerbsfähigkeit und des Wirtschaftswachstums der krisengeschüttelten Länder umzusetzen, einen Mechanismus zur Restrukturierung überschuldeter Staaten einzurichten und das Vertrauen der Finanzmärkte in eine solide Haushaltspolitik zurück zu gewinnen, ist die Herausforderung, die die Europäer so schnell wie möglich zu bewältigen haben.

München, 15. Dezember 2010

Dr. Theo Waigel
Bundesminister a.D.

Grußwort des Bundesministers des Auswärtigen, Dr. Guido Westerwelle

Die Einigung Europas ist die größte politische Errungenschaft seit Gründung der Bundesrepublik. Die beeindruckende Periode des Friedens, der Freiheit, der Menschenrechte und des Wohlstands seit 1945 wäre ohne die politische und wirtschaftliche Integration Europas nicht denkbar gewesen.

Im Jahr 2011 durchleben Europa und der Euro eine Zeit der Bewährung. Wir stehen heute noch stärker als zuvor im internationalen Wettbewerb. Die weltwirtschaftlichen Gewichte verschieben sich zusehends nach Asien und Lateinamerika. Kein europäisches Land, auch nicht Deutschland als das wirtschaftlich stärkste unter ihnen, ist den Herausforderungen der Globalisierung im Alleingang gewachsen.

Die Gefährdung des Euro ist seit dem Frühjahr 2010 das dominierende Thema in der Europäischen Union. Teilweise als Folge der Bankenkrise sind einige Euro-Staaten in eine Schulden- und Wettbewerbsfähigkeitskrise geraten, die die Stabilität der gesamten Währungsunion bedroht. Mit dem Euro ist nicht allein unsere Währung bedroht, denn der Euro ist und bleibt auch ein politisches Projekt als sichtbarstes Symbol für die Unumkehrbarkeit unserer Einigung.

Mit einem ebenso notwendigen wie präzedenzlosen Rettungsschirm haben wir unsere Währung geschützt. Deutschland hat in der Krise solidarisch geholfen. Auf Dauer werden wir den Euro aber nur sichern können, wenn wir an den Fundamenten unserer Wirtschafts- und Währungsunion ansetzen, die sandig geworden waren. Europaweit wurden zu lange zu viele Schulden gemacht und die internationale Wettbewerbsfähigkeit vernachlässigt. Eine Politik, die auf Schuldenkrisen, Spekulationsblasen und Marktausschläge nur reagiert, reicht nicht aus, um eine Wiederholung einer solchen Krise in Zukunft auszuschließen. Wir müssen die Probleme in der Eurozone an der Wurzel packen. Strukturelle Verbesserungen sind die Voraussetzung dafür, dass Europa die Zukunft gehört.

Dabei brauchen wir einen umfassenden Ansatz, der die Solidität öffentlicher Finanzen sichert, die Stabilität der Eurozone schützt und die Wettbewerbsfähigkeit der Eurozone insgesamt stärkt. Die Solidität öffentlicher Finanzen kommt an erster Stelle. Der Stabilitätspakt bekommt in Folge der Krise mehr Biss, indem Sanktionen so weit wie möglich der politischen Opportunität entzogen werden. Wer Regeln verletzt, muss zukünftig die vorher festgelegten Sanktionen spüren, und zwar weitgehend automatisch.

Mit dem dauerhaften Europäischen Stabilitätsmechanismus ab 2013 schaffen wir die Vorkehrungen dafür, auch in Zukunft eine Destabilisierung des Euro-Raums abwehren zu können. Doch die Hilfe der Gemeinschaft kann immer nur das letztmögliche Mittel sein. Das ist nicht nur verfassungsrechtlich notwendig, sondern ordnungspolitisch geboten.

Wir müssen den Wohlstand für unsere Bürgerinnen und Bürger langfristig sichern. Das kann nur durch Wachstum und Arbeitsplätze in allen Teilen Europas gelingen. Die Mitgliedsländer der Euro-Zone sind im Besonderen gefordert, ihre Wirtschafts- und Haushaltpolitik enger zu koordinieren und Taktgeber für die gesamte Union zu sein. Die Märkte müssen weiter geöffnet werden, die öffentlichen Finanzen müssen gesichert und Zukunftsfelder gestärkt werden. Dabei gilt das Prinzip, dass wir uns nicht im Mittelmaß treffen, sondern uns an den Besten orientieren.

Nichts wäre gefährlicher als die Illusion, wir könnten angesichts einer oberflächlichen Beruhigung der Finanzmärkte zur Tagesordnung übergehen. Ein einfaches „weiter so“ kann es nach den krisenhaften Zuspitzungen der letzten Monate nicht geben. Das veranschaulicht Oliver Luksic mit diesem Buch eindrucksvoll.

Die Zukunft Europas ist erst dann gewonnen, wenn auch diejenigen, die den Krieg auf unserem Kontinent nicht persönlich miterleben mussten, mit kühlem Verstand und heißem Herzen für Europa kämpfen. Oliver Luksic, der bereits in jungen Jahren politisch Verantwortung übernommen hat, stellt in seinen differenzierten Ausführungen wichtige Fragen, trifft intelligente Beobachtungen und zeigt innovative Lösungswege auf. Er leistet damit nicht nur einen wichtigen Beitrag zur Debatte über den Euro, sondern auch über die zukünftige Rolle Deutschlands in Europa.

Die Europäische Union hat es immer wieder geschafft, mit ihren Herausforderungen zu wachsen. In Krisenzeiten ist es gelungen, den politischen Willen zu stärkerer Abstimmung und Zusammenarbeit aufzubringen. Europa ist wieder in der Bewährung. Wenn wir jetzt die richtigen Lehren aus der Krise ziehen, wird Europa stärker sein als zuvor.

Inhalt

Einleitung

Ist der Euro noch zu retten? Fast zwei Jahre, nachdem die ersten Finanzierungsprobleme bei Euro-Mitgliedstaaten auftraten, haben es die Regierungen des größten zusammenhängenden Wirtschaftsraumes der Welt und der zweitwichtigsten Weltwährung nicht geschafft, die Märkte nachhaltig zu beruhigen. Kurzfristig war die Hilfe überschuldeter Euro-Länder realpolitisch notwendig, auch wenn dies mittelfristig gravierende Risiken birgt. Für die Zukunft braucht Europa einen Stabilitätspakt, bei dem die Inhaber der Staatspapiere an den Lasten einer Staatsinsolvenz mitbeteiligt werden, wie dies auch bei einem privaten Konkurs der Fall ist. Bevor Hilfsgelder fließen, müssen die Schuldnerländer alles zur Konsolidierung ihrer Finanzen tun, bevor Altgläubiger auf einen Teil ihrer Ansprüche verzichten. Das würde die Gläubiger veranlassen, bei der Vergabe der Mittel vorsichtiger zu sein und höhere Zinsen zu verlangen. Gefährdeten Länder gerade in Südeuropa würde dies zwar nicht gefallen, sie aber zu mehr Disziplin veranlassen und genau deshalb neue Krisen bereits im Vorfeld verhindern.

Die Euro-Frage ist von historischer Bedeutung - für Europa und für Deutschland. Deutschland braucht den Euro. Die Verhinderung eines unfairen Abwertungswettlaufs in Europa und der Wegfall von Transaktionskosten durch Einführung des Euro als gemeinsamer Währung hat gerade auch Deutschland als Exportnation gut getan. „Der Euro ist unsere Währung, und er ist doch mehr als unsere Währung", sagte die Kanzlerin in Aachen bei der Verleihung des Karlspreises 2010 an den polnischen Ministerpräsidenten Donald Tusk. „Der Euro steht für die europäische Idee." Scheitert der Euro, wird in der Tat auch die europäische Integration einen herben Rückschlag erleiden. Allerdings würde auch ein Euro, der nur durch eine Haftungsgemeinschaft überlebensfähig ist, zum Scheitern führen. Die ökonomischen Probleme einer Währungsunion mit einem zu großen wirtschaftlichen Gefälle wären langfristig nicht zu beheben. Vor allem aber sind die Bürger dauerhaft nicht bereit, diesen Preis für Europa zu zahlen. Wenn EU-Kommissionspräsident Barroso sagt, man müsse den Euro um jeden Preis verteidigen, lohnt es sich dies genau zu reflektieren. Wie hoch soll der Preis denn sein? Sollte der Euro-Rettungsschirm in seinem Volumen gar auf 1,5 Billionen Euro verdoppelt werden, wie es einzelne bereits fordern, muss man wohl mehr von einer (Geld-) Pumpe als von einem (Rettungs-) Schirm sprechen, insbesondere wenn dieser auch entfristet wird.

Die eigentliche Frage ist also: Wer zahlt welchen Preis für die Rettung des Euro?

Eine parlamentarische Mehrheit für Hilfspakete zu bekommen ist schwierig, vor allem wenn nicht deutlich wird, ob es damit zu einer nachhaltigen Lösung kommt. Klar ist: Die christlich-liberale Koalition wird Schwierigkeiten haben, weitere Rettungspakete durch das Parlament zu bekommen und kann vor allem über dieses Thema bei den nächsten Wahlen stolpern. Die Griechenlandhilfe kann im Wahljahr genauso Thema werden wie der neue Krisenmechanismus, der ab 2013 wirken soll. Abgesehen davon, dass die Koalition hieran scheitern kann, droht dauerhaft eine neue rechtspopulistische Partei zu entstehen, wenn es nach der Sarrazin-Debatte jetzt es auch noch zu einer dritten Finanz- und Wirtschaftskrise kommt und das selbst hochverschuldete Deutschland auch noch die Schulden anderer Länder schultern soll.

Wie aber konnte es zur Euro-Krise kommen? Im ersten Teil des Buches geht es darum, die Ursachen der Finanzmarktkrise zu analysieren und deren Folgen für die Staatsverschuldungskrise, in der wir uns jetzt befinden. Beide Krisen hängen eng miteinander zusammen und beeinflussen sich gegenseitig, allerdings mit regionalen Unterschieden. Während die Staatsverschuldung in Griechenland in erster Linie hausgemacht ist, kann das kleine Irland trotz guter Wettbewerbsfähigkeit und vertretbarem Schuldenstand die immensen Kosten der Bankenkrise nicht schultern. Der Euro hat jedoch in der Tat durch die einheitliche Geldpolitik dazu geführt, dass es durch niedrige Zinsen für die Länder der Peripherie möglich war, sich entweder (zu) billig zu verschulden wie Griechenland oder einen künstlichen Immobilienboom wie in Spanien zu erzeugen. Die Risikoaufschläge für griechische oder irische Staatsanleihen sind nach wie vor hoch. Zu viele Euroländer haben in der Vergangenheit notwendige Reformen gescheut und damit ihre Wettbewerbsfähigkeit, also ihre Attraktivität als wirtschaftlicher Standort im internationalen Vergleich, stückweise immer mehr geschwächt. Obwohl sie so immer mehr in eine wirtschaftliche Sackgasse gerieten, haben sie gleichzeitig über ihre Verhältnisse gelebt, insbesondere sich ein ausuferndes Sozialsystem geleistet und dadurch den Schuldenberg immer höher aufgetürmt. Eine fatale Kombination von politischen Fehlentscheidungen, die die eigentliche Ursache des Problems bildet. Verschwörungstheorien sind weit hergeholt. Sind die Regierungen der Krisenländer nicht auch Spekulanten? Haben sie nicht auch darauf gesetzt, freigekauft zu werden von den finanzstarken Ländern wie Deutschland, wenn sie pleite sind? Mit den aktuellen Beschlüssen aus Brüssel wird ein solches Kalkül vorerst belohnt. Kapitalanleger haben kalte Füße bekommen, weil sich herumgesprochen hat, wie unsolide manche europäische Länder wirtschaften. Deshalb werden wacklige Anleihen abgestoßen, was deren Kurse fallen und die Zinsen steigen lässt. Nur wenn man entgegen der weit verbreiteten Analyse auch den Einfluss von Staat und Politik in beiden Krisen offen legt, kann man die richtigen Schlüsse ziehen um die

Krise zu bewältigen und den Euro zu retten. Ob bei Bankenregulierung und Aufsicht oder bei der Frage ungehemmter Staatsverschuldung: Nicht nur der Markt, vor allem der Staat hat versagt!

Die Politik bekommt nun für ihr vorheriges Versagen, ihre Inkonsequenz bezüglich der Regeln, die sie sich selbst aufgestellt hat, die Rechnung präsentiert. Um die Krise des Euros zu verstehen, ist es notwendig, die grundsätzlichen Probleme einer transnationalen Währungsunion zu verstehen. Eine einheitliche Währung ohne einheitliche Wirtschafts-und Fiskalpolitik muss zu Friktionen führen, wenn die wirtschaftlichen Unterschiede zwischen den Ländern zu groß sind. Ein einheitlicher Zins für die ganze Eurozone hat das strukturelle Problem, dass er für die einen zu hoch, für die anderen zu niedrig ist. Dennoch gilt es die Fakten festzuhalten. Der Euro ist nach innen und außen stabil, er hat sich zu einer globalen Währungsreserve entwickelt. Der Wechselkurs des Euro war trotz Terrorismus und Wirtschaftskrisen im Großen und Ganzen stabil.

Bisher ist es nicht gelungen, das erfolgreiche Modell Deutschlands und der D-Mark zur Blaupause für den Euro zu verwenden. Schon zu Beginn des Euros ging es bei der Erfüllung der Stabilitätskriterien und der Aufnahme neuer Mitglieder mehr um politische Kriterien als um harte ökonomische Fakten. Wie konnte es dazu kommen, dass Griechenland in die Euro-Zone aufgenommen wurde, obwohl es damals bereits Warnungen gab, was die Glaubwürdigkeit der vorhandenen Daten anging? Schafft Griechenland es wieder kapitalmarktfähig zu werden? Dies wird in diesem Buch genauso diskutiert wie die Frage, ob die Griechenland-Hilfe wirklich „alternativlos“ war - ein Wort, dass im politischen Berlin nicht nur für mich zum „Unwort des Jahres“ geworden ist. Wer hat im Hintergrund wie argumentiert? Haben wir uns überrollen lassen durch den Druck aus Brüssel? Die Hektik hinter den Kulissen bei dieser Entscheidung möchte ich genauso beleuchten wie die Frage, was nun bei der Neuordnung der Finanzmärkte und der Erarbeitung eines endlich funktionsfähigen Stabilitätspakts für den Euro zu tun ist. Was die Bankenaufsicht angeht gibt es bereits große Fortschritte auf nationaler und europäischer Ebene. Die in einer sozialen Marktwirtschaft entscheidende Frage der Haftung für Risiken ist meines Erachtens bisher noch nicht ausreichend beantwortet. Hier möchte ich Lösungswege aufzeigen, das „systemische Risiko“, also die Gefahr der gegenseitigen Ansteckung, zu minimieren. Die Angst vor der staatlichen Insolvenz und der Beteiligung privater Gläubiger ist ein zentraler Punkt bei der Frage wie es mit dem Euro dauerhaft weitergeht. Entscheidend für die Stabilisierung des Euro ist die Frage, ob der neue Krisenmechanismus nach 2013 so ausgestaltet sein wird, dass Krisen effektiv bewältigt werden können ohne gleichzeitig die EU in eine Haftungsgemeinschaft zu transformieren, d.h. einzelne Länder für die Schulden anderer in letzter Instanz haften zu lassen. Ich spreche hier bewusst von einer Haftungsgemeinschaft und nicht – wie manche andere – von einer Transferunion. Aus meiner Sicht ist es wichtig, diese beiden

Begriffe voneinander abzugrenzen. Eine Transferunion ist die EU beispielsweise im Rahmen der Struktur- und Kohäsionsfonds bereits und die - gerade für Liberale - unangenehme Erkenntnis ist, dass es solche Transfers innerhalb der EU auch geben muss, um die wirtschaftlichen Unterschiede anzugleichen. Die entscheidende Frage, wie wir zu mehr wirtschaftlicher Koordinierung kommen können, um diese Transfers in Zukunft auf ein Mindestmaß begrenzen zu können, wird nichtsdestotrotz ausführlich in diesem Buch diskutiert. Bei den Verhandlungen über die Zukunft der Währungsunion und einen neuen Stabilitätspakt geht es dagegen um die Schaffung einer Haftungsgemeinschaft für die Schulden anderer Länder in der Eurozone. Ich möchte kritisch die hierzu unterschiedlichen Positionen beleuchten. Klar ist: Ohne harte Regeln gibt es keinen harten Euro. Entscheidend ist allerdings die Anwendbarkeit und Durchsetzungsfähigkeit dieser Regeln. Hierbei ist für mich die weitgehende Entpolitisierung bei der Auslösung von Defizitverfahren und Sanktionen besonders wichtig. Nicht nur die Länder der Peripherie, auch Deutschland muss alles tun, um seine Staatsverschuldung zu bekämpfen. Denn bei einer neuen Krise wären sowohl der Euro als auch der derzeitige wirtschaftliche Aufschwung gefährdet. Die deutsche Politik muss daher wieder ihre europäische Führungsrolle wahrnehmen und darf sich nicht länger durch Krisenherde in ad hoc-Entscheidungen treiben lassen. Dies ist sie sich selbst, der europäischen Idee, vor allem aber auch den europäischen Bürgerinnen und Bürgern schuldig.

1. Die Ursache und Folgen der Finanzmarktkrise

1.1. Markt- und Staatsversagen

Als nach dem langem US-Immobilienboom die dortige Spekulationsblase und die damit gewährten Kredite platzten, war nur kurze Zeit von einer Immobilienkrise und schnell von einer globalen Finanzmarktkrise die Rede. Die Wirtschaftskrise ist das Ergebnis eines atemraubenden Dominoeffekts, der die Kehrseite der für die deutsche Wirtschaft bislang überwiegend vorteilhaften Globalisierung gezeigt hat. Nur wenige Länder hat die Krise so hart getroffen wie Deutschland. Unsere Wirtschaft lebt vor allem vom Export hochwertiger Investitionsgüter. Der Markt für diese Güter ist jedoch besonders anfällig für konjunkturelle Schwankungen. So sind die deutschen Exporte in der Krise um fast ein Drittel eingebrochen, die Industrieproduktion insgesamt sank um ein Viertel. Diese Krise war die schwerste ihrer Art seit Jahrzehnten und kann zu Recht als Weltwirtschaftskrise bezeichnet werden. Dieser Begriff ist immer noch sehr mit der Krise in den 1920er Jahren verbunden und damit auch emotional belegt. Entsprechend gerieten viele Menschen in Sorge um ihr Erspartes.

Die vermeintlichen Schuldigen waren in der emotional aufgewühlten Stimmung schnell gefunden. Die Medien zeichneten das Bild von rücksichtslosen und auf ihren eigenen Vorteil bedachten Finanzberatern, Rating-Agenturen, Managern, Hedge-Fonds und staatlichen Banken. Umso schwieriger ließ es sich in der Öffentlichkeit vermitteln, dass wenn man den Schneeballeffekt aufhalten will, die Banken von staatlicher Seite finanziell unterstützen werden müssen. Das unter dem Schlagwort „Bankenrettung" behandelte komplexe Maßnahmenpaket dem Bürger zu vermitteln erwies sich als schwierig. Sehr einfach dagegen war es für die politische Linke alles auf den Nenner „der kleine Anleger verliert sein Geld – und den Schuldigen wird geholfen" zu bringen. Dabei ging es bei der Unterstützung der Banken nicht um die „Rettung" der Banken als solche, sondern vor allem in erster Linie um die Einlagensicherung der Bürger. Am Montag, dem 13. Oktober 2008, wäre es zur Kernschmelze des Weltfinanzsystems gekommen, wenn die Politik nicht reagiert hätte. Die Regierungen der G7-Länder und der EU-Staaten verabredeten über das Wochenende die Leitlinien einer Rettungsstrategie. Ohne diesen Schritt hätte der Ansturm auf die Konten zum Kollaps des Weltfinanzsystems geführt.

Seither wirft die Politik mit Milliarden nur so um sich, um der Krise des Finanzsystems Herr zu werden. Kann das aber funktionieren, wenn Regeln und Anreize weiterhin nicht richtig sind? Es kann nicht nur um Schadensbegrenzung gehen, sondern auch um die Vermeidung künftiger Szenarien. Dazu müssen aber in einem ersten Schritt die Ursachen der Krise identifiziert werden. Und hier fangen die Probleme schon an.

Mit einer Krise ist es wie mit einer Krankheit: Man kann sie oberflächlich analysieren, die Symptome behandeln und hoffen, dass die Leiden irgendwie verschwinden. Viele Ärzte tun das und Politiker eben leider des Öfteren auch. Sie sehen die heftigen Ausschläge an den Finanzmärkten als eine Ursache der Krise und nicht als ein Symptom. Mit der Folge, dass niemand die wirklichen Gründe der Wirtschaftskrisen der vergangenen Jahre angeht.[1] Doktoren gibt es im Moment viele. Da werden beispielsweise schnell Parallelen gezogen zwischen der amerikanischen Hypothekenkrise im Herbst 2008 und der Staatsfinanzierungskrise im Frühjahr 2010. Die Beinahepleite Griechenlands, so eine einfache Erklärung, sei für Europa das, was für Amerika der Zusammenbruch des Wall-Street-Hauses Lehman Brothers war. Und dass es so weit gekommen sei, liege an verantwortungslosen Bankern, Hedgefonds-Managern und Spekulanten. Gelinge es, diese Horde im Zaum zu halten, dann würde es kein Lehman und auch kein Griechenland mehr geben.

Dabei sind die Finanzmarktturbulenzen von heute ganz überwiegend Folge des Staatsversagens von gestern.

Der amerikanische Immobilienmarkt

742 Evergreen Terrace ist die Adresse einer bekannten amerikanischen Zeichentrickfamilie. Die fünfköpfige Familie verfügt über ein geringes Einkommen, trotzdem wurde der Traum vom eigenen Haus wahr. Wie für viele andere Amerikaner. Ihr aller Traum vom Eigenheim war jedoch nicht auf festem Fundament errichtet, sondern drohte jederzeit zu platzen – wie eine Seifenblase.

Kaum ein Wort wird häufiger im Zusammenhang mit der Krise verwendet als das der „Blase“. Damit bezeichnet man die ungerechtfertigt hohe und teilweise auch spekulative Einschätzung eines Marktsegments. Der renommierte amerikanische Wirtschaftshistoriker und Autor Daniel Gross meint, solche Blasen müssen gar nicht unbedingt negativ sein. Spekulative Übertreibungen seien sogar wichtig für die Wirtschaft, lautet seine provokante These.[2] Allerdings hatte sich auf dem US-Immobilienmarkt seit Mitte der 90er Jahre eine so gewaltige Blase aufgebaut, dass sich ihr Platzen als fatal für die gesamte Weltwirtschaft herausstellte.

1 Siehe hierzu etwa sehr treffend Sinn, Hans-Werner „Kasino-Kapitalismus – Wie es zur Finanzkrise kam und was jetzt zu tun ist“, S. 9 ff.

2 Gross, Daniel: „Finanzblasen…und warum sie so wichtig für unsere Wirtschaft sind“, FinanzBuch Verlag, 2008

Hauptursache für die unzureichend als Krise bezeichnete Korrektur auf den US- und darüber hinaus internationalen Finanzmärkten ist die Politik des billigen Geldes insbesondere der US-Notenbank FED. Sie hat einen künstlichen Boom durch die Überproduktion von Geld geschaffen, der dann als solcher entlarvt wurde und einen bereinigenden, besonders scharfen Zusammenbruch (engl. Bust) als Rückkehr zur Normalität zwangsläufig nach sich zog. Das somit erneut erzeugte billige Geld suchte Anlagemöglichkeiten und fand sie auf Aktienmärkten und insbesondere im Immobilien- und Hypothekensektor, der ein dynamisches Wachstum erlebte. Investoren spekulierten auf einen gleich bleibenden hunderte Milliarden US-Dollar umfassenden Geldstrom und (dadurch) weiter steigende Häuserpreise. Tatsächlich erhöhte die FED die Zinsen und die Häuserpreise gaben entsprechend nach. Es ist also das staatliche Geldmonopol mit dem Transmissionsriemen des Mindestreservesystems über die privaten Geschäftsbanken, das die Spekulation erst ermöglicht, angeheizt und somit eine nicht aufrecht zu erhaltene Ressourcenverteilung bewirkt hat.

Der mikroökonomische Kern der amerikanischen Immobilienblase liegt dagegen in einem Fehler im System begründet, das die völlig falschen Anreize setzte. In den USA werden Hauskredite gewöhnlich als sogenannte non-recourse loans vergeben - also „regressfreie Kredite". Die Hauseigentümer haften nur mit ihrer Immobilie. Es gibt - anders als in Deutschland - keine Durchgriffshaftung des restlichen Vermögens oder des Arbeitseinkommens der Schuldner. Dieser Schutz vor Haftung veranlasste viele amerikanische Haushalte beim Hauskauf das Risiko zu suchen und sich zu übernehmen, weil sie wussten, dass sie nichts falsch machen konnten. Denn im Fall, dass der Hauspreis weiter steigt, ist der Käufer fein raus. Er kann das Haus verkaufen, den Kredit zurückzahlen und einen Gewinn in Höhe des Wertzuwachses erzielen. Oder er kann noch mehr Kredite aufnehmen. Im Fall eines sinkenden Preises hat der Käufer zwar Pech, aber kein wirkliches Problem. Er muss nur den Schlüssel des Hauses bei der Bank abgeben und den Verzicht auf sein Eigentum und die Nichtbedienung des Kredits erklären. Ansonsten hat er mit der Sache nichts weiter zu tun. Ein Angebot, das der amerikanische Durchschnittsbürger, der den „American Dream" in Form eines Eigenheims träumte, kaum ausschlagen konnte. Die Finanzkrise ist nicht nur durch Investmentbanker ausgelöst worden, sondern primär dadurch, dass die Mittelschicht in den USA dauerhaft mehr ausgegeben hat, als sie hatte und dadurch eine Schuldenpyramide aufbaute.[3]

Die US-Regierung forcierte diese „Häuser-für-Jedermann"-Politik auch noch. Die Staatstrusts ähnlichen Hypothekenfinanzierer „Freddie Mac" und „Fannie Mae" wurden 2004 von der US-Bundesbau- und Wohnungsbehörde HUD zur

3 Sehr treffend beschrieben wird dieses Phänomen von Gerald Hörhahn in seinem Buch „Investmentpunk - Warum ihr schuftet und wir reich werden", Ullstein Verlag 2011.

Ausweitung des Subprimegeschäfts gedrängt. Der sogenannte Community Reinvestment Act zwang sogar teilweise die Banken zur Kreditvergabe. Dabei handelt es sich um ein Programm, das 1977 unter Präsident Carter eingeführt wurde, um der Verwahrlosung von Wohnbezirken entgegenzuwirken.[4] 1994 wurde das Gesetz unter Präsident Clinton[5] nochmals verschärft. Es setzte die Banken unter Druck, auch Kunden mit geringer Bonität Kredite zu geben. So kam es, dass sich selbst Geringverdiener und Arbeitslose Häuser per Kredit kaufen konnten – der „American Dream" auf Pump.

Die Hypothekenbanken wussten natürlich, wie problematisch die Kreditforderungen waren, die sie auf diese Weise erwarben. Der Ausweg war die Verbriefung der Ansprüche. Statt die Forderungen selbst zu halten und geduldig auf die Rückzahlung zu warten, verkauften sie die Ansprüche an andere Banken oder Finanzinvestoren. Sie schufen dafür die schon erwähnten MBS-Papiere[6], und lockten die Käufer mit Preisabschlägen bzw. hohen Effektivrenditen. Doch auch die Käufer hatten kaum Illusionen über die Bonität der Papiere. Deshalb beeilten auch sie sich, diese schnell weiterzureichen, um sich nicht selbst am Ende die Hände daran zu verbrennen. Um die Ansprüche weiterreichen zu können, verbrieften die Banken die Papiere erneut und schufen die CDO-Papiere[7]. Diese Logik setzte sich fort. Am Ende hatten einige der Papiere vierzig Verwertungsstufen hinter sich. Es entstand eine Kaskade von ineinander verschachtelten Ansprüchen, die niemand mehr durchschaute.

Der Markt für die CDO- und MBS-Papiere erreichte 2006 mit etwa 1,9 Billionen US-Dollar Neuemissionen sein größtes Volumen. Dann nahmen die Rating-Agenturen ihre Bewertungen radikal zurück und der Markt brach zusammen - auf gerade mal geschätzte 53 Milliarden US-Dollar im Jahr 2009. Das Marktvolumen kollabierte um 97%.

Trotz der Warnung im Jahr 2007 kann man nur von einem Versagen der großen Rating-Agenturen sprechen. Die Rating-Agenturen haben die verbrieften Wertpapiere untersucht und hätten Licht in das Dunkel der wirtschaftlichen Verflechtungen bringen können und müssen. Stattdessen haben sie mit viel zu guten Bewertungen dazu beigetragen, dass die zweifelhaften Papiere in der ganzen Welt ihre Käufer fanden. Und auch Mitte 2007 kam ihre Warnung zu spät. Denn bereits seit Mitte des Jahres 2006 fielen die Immobilienpreise, bis April 2009 um 34 %. Das entspricht einem Wertverlust in Höhe von mehr als 7 Billionen Dollar. Zahlreiche Hausbesitzer gerieten in die Überschuldung, konnten ihre Hypotheken

4 Community Reinvestment Act; Federal Reserve Board, http://www.federalreserve.gov/dcca/cra/

5 Pressemitteilung des Weißen Hauses vom 15. Juli 1993, http://clinton6.nara.gov/1993/07/1993-07-15-presidents-remarks-on-community-development.html

6 MBS = Mortgage Backed Securities

7 CDO = Collateralized Debt Obligations

nicht mehr bedienen. Ab Mitte 2007 erlebten auch die auf den Immobilienkrediten basierenden ABS[8]- und CDO-Papiere einen dramatischen Preisverfall. Mit drastischen Folgen: Die gefährlichen Papiere waren an Banken in der ganzen Welt verkauft worden und stürzten diese nun in eine existenzielle Krise. Nicht weniger als 83 Banken sind im Jahr 2008 weltweit durch Konkurs und Übernahme vom Erdboden verschwunden oder in letzter Minute verstaatlicht worden, darunter die großen amerikanischen Investmentbanken Bear Stearns, Lehman Brothers und Merrill Lynch. Die am 7. September 2008 faktisch verstaatlichten Konzerne garantierten die Hälfte aller US-Immobilienkredite im Wert von etwa 12 Billionen US-Dollar und damit vier Mal mehr als noch 2003 – fast schon Verhältnisse wie in der ehemaligen UdSSR.

Warum die amerikanische Immobilienkrise zur Weltfinanzkrise wurde

Nur kurze Zeit war von einer amerikanischen Immobilienkrise und schnell von einer globalen Finanzmarktkrise die Rede. Und das obwohl es hier in Deutschland weder eine Immobilienblase, noch einen Kreditboom gab. Um in dem Bild von der Krise als Krankheit zu bleiben: Jede Krankheit braucht einen Träger, einen sogenannten Wirt, um sich zu übertragen und zu verbreiten. In diesem Fall war der Wirt schnell lokalisiert: Die Banken.

Die Banken haben über Jahre ein gefährliches Spiel gespielt, eine Art russisches Roulette. Immer mehr dehnten sie das Privileg der Haftungsbeschränkung, so dass sie am Ende fast gar nicht mehr hafteten, weil viele nur noch mit einem minimalem Eigenkapital von 3 bis 5 % der Bilanzsumme gearbeitet hatten. Der enorme Fremdkapitalhebel sichert zwar hohe Eigenkapitalrenditen, verführt aber auch zu hohen Risiken. Denn wenn ein Teil der Verluste von den Gläubigern oder vom Staat getragen wird, man also überwiegend mit fremdem Geld spielt, dann lohnt es sich, auch einmal unvernünftige Risiken einzugehen.

Dabei ist es zu platt und populistisch, die Bankvorstände an den Pranger zu stellen. Sicherlich bestehen auch dort Fehlanreize[9], allerdings verliert man zu oft die Fehlanreize für die Aktionäre aus den Augen, die jedoch maßgeblich das Handeln der Banken bestimmen. Die Aktionäre profitieren nämlich unmittelbar von der Haftungsbeschränkung der Banken und fördern somit eine entsprechende Ausdehnung dieser Beschränkung. Sie verlangen von ihren Banken risiko- und ertragreiche Geschäftsmodelle, die nur deshalb funktionieren, weil im Katastrophenfall die Verluste, die das Eigenkapital übersteigen, sozialisiert werden. Des-

8 ABS = Asset Backed Securities

9 Ein Schritt in die richtige Richtung ist daher das August 2010 in Kraft getretene Gesetz zur Angemessenheit der Vorstandsvergütung (VorstAG), mit dessen Hilfe Aktionäre nun mehr Einfluss auf die Gehälter der Manager bekommen.

halb verpflichten sie den Vorstand auf hochgesteckte Renditeziele und gestalten die Entlohnungssysteme für die Manager so, dass diese sich entsprechend risikofreudig verhalten.

Von Heuschrecken und anderen (vermeintlich) Schuldigen

Wenn in Politik und Medien von den Finanzmärkten die Rede ist, wird oft der Eindruck erweckt, es handle sich um „fremde Mächte". Doch spekuliert wird in unser aller Auftrag. Schließt ein Kunde bei einer Bank eine Lebensversicherung ab, dann will er später das eingezahlte Geld zurück - und zwar mit Zinsen. Deshalb muss die Volksbank, Allianz oder Deutsche Bank Gewinne erwirtschaften. Sie muss also mit dem ihr anvertrauten Geld Aktien oder Staatsanleihen kaufen, die eine Rendite versprechen. Ein Anleger muss darauf achten, dass die Staaten, denen man Geld leiht, ihre Schulden bedienen – und bei Gefahr die Anleihen der Pleitestaaten abstoßen. Ansonsten verliert man das Geld der Kunden. Die kollektive Spekulantenphobie, genährt vom immer tieferen Misstrauen der Politik und Medien gegenüber dem Finanzsektor, unterschlägt bewusst den eigentlichen Grund für die Existenzkrise des Euro: Der Euro ringt deshalb ums Überleben, weil nahezu alle Staaten der Eurozone jegliche Haushaltsdisziplin über Bord geworfen und ihre Defizite in geradezu astronomische Höhen getrieben haben.

Wer sind eigentlich die vielzitierten „Spekulanten"? Scheinbar ist „der Spekulant" eng verwandt mit der von Ex-SPD Chef Müntefering erfundenen „Heuschrecke". Das Wort Spekulation stammt aus dem Lateinischen. Ein Blick in „Langenscheidts großes Schulwörterbuch Lateinisch-Deutsch" zeigt: „speculator, -oris, m 1. a) militärischer Späher im Kriege, Kundschafter, Spion b) Elitetruppe der Pretorianer, Leibwache des Feldherrn c) Henker 2. Erforscher, Forscher". Der Spekulant ist also Teil einer (Finanz-) Elite, vielleicht sogar mit Herrschafts- bzw. Insiderwissen? Oder doch nur einer, der über einen besseren Überblick verfügt und Dinge erspäht, die andere noch nicht gesehen beziehungsweise nicht erkannt haben?

Spekulanten sind nichts anderes als Kaufleute, die Risiken eingehen und mit dazu beitragen, die Liquidität an den Märkten zu erhöhen. Also alles andere als verwerflich. Entgegen anderslautenden Behauptungen sind Spekulanten auch nicht das Problem. Wenn die Preise von Anleihen bestimmter hochdefizitärer Staaten der Euro-Zone im Keller sind, dann ist das Folge eines einfachen, marktwirtschaftlichen Grundgesetzes: Übersteigt das Angebot die Nachfrage, sinken die Preise. Dies ist der Fall, wenn die Marktteilnehmer kein Vertrauen in die Bonität bestimmter Schuldner mehr haben und folglich ihr eigenes oder das ihnen anvertraute Geld in Sicherheit bringen wollen. Und dafür werden sie von Teilen der Politik und der veröffentlichten Meinung populistisch und auch noch fälschlicherweise als Spekulanten beschimpft. Es ist jedoch auch moralisch nicht verwerflich, sich angesichts der Verschuldungssituation so manchen Staates von dessen Anleihen zu trennen. Dies ist rational, marktwirtschaftlich und vor allem im Sinne der Anleger, deren Geld sie treuhänderisch verwalten. Der Privatanleger, der sein Geld für die Altersvorsorge anlegt, will eine sichere und langfristige Rendite. Das ist ein Auftrag an seinen Vermögensverwalter, das Geld vernünftig anzulegen. Damit sind auch die Privatanleger „Spekulanten".

Das Problem der Finanzmarkt- und Eurokrise sind nicht Spekulanten, sondern ist die hohe Staatsverschuldung, auf der sie ihre Geschäfte überhaupt erst aufbauen können. Wenn Staaten einen stabilen Haushalt besitzen und nur gering oder gar nicht verschuldet sind, zeigen alle Beispiele, dass sie dann auch nicht in Gefahr geraten können, Opfer von „Spekulation" zu werden. So zeigt gerade das Beispiel Belgien, dass der sich dort aufhäufende Schuldenberg trotz eines hohen Pro-Kopf-Einkommens und einem soliden Wachstum zunehmend für Nervosität bei den Anlegern sorgt. Der zwischenzeitliche Trend zum Schuldenabbau wurde dort durch zusätzliche Ausgaben im Sozialsystem fatalerweise wieder gestoppt. Hier die Uhr wieder zurückzudrehen dürfte schwierig werden. Der Schuldenstand eines Staates ist somit Dreh- und Angelpunkt seiner Bonität auf den Finanzmärkten. Die Haushaltskrise Griechenlands war auch vor der Finanzkrise akut. Keynesianische Konjunkturprogramme haben in den USA und in Europa nicht mehr Wachstum, aber mehr Verschuldung gebracht. Die sogenannte Eurokrise ist mittlerweile in Wirklichkeit eine Staatsschuldenkrise.

Der Staat: Retter in der Not und besserer (Finanz-) Unternehmer?

Warum haben die Aufsichtsbehörden die toxischen Wertpapieren nicht verboten? Wenn ein hochrangiger Vertreter der Banque de France auf die Frage, wie sein Haus über die Zulassung von Finanzprodukten entscheidet, sagt, dass man den Grundsatz, ein Finanzprodukt nur dann zu genehmigen, wenn es wenigstens einer von den Kollegen wirklich verstanden habe, aufgeben musste aus Angst, die Briten oder Deutschen würden es genehmigen, dann wirft das ein Licht auf die Tragik der Bankenaufsicht. Man wollte nicht strikter sein als andere Länder, weil man befürchtete, dass das Bankgeschäft dann dort gemacht würde. So ist der Wettbewerb der Staaten und Regulierungsbehörden zu einem Laschheitswettbewerb degeneriert.

Doch haben sich die Staaten wenigstens in der Krise bewährt? Der G7-Gipfel und die EU-Konferenz im Oktober 2008 stellten die Weichen für eine beispiellose Rettungsaktion zugunsten der Banken. Inzwischen summieren sich die Garantien, Kredite, Zuschüsse und Eigenkapitalhilfen auf bald 5 Billionen Euro. Nicht enthalten sind die staatlichen Konjunkturprogramme. Die Summe ist geradezu astronomisch, auch wenn es sich nur zu einem kleinen Teil um echte Ausgaben handelt.

Deutschland hat insgesamt 578 Milliarden Euro zur Rettung seines Bankensystems zur Verfügung gestellt. Trotzdem ist das Paket ungeeignet, die dringend notwendige Rekapitalisierung des Bankensystems zu bewerkstelligen. Der Grund ist einfach: Der größte Teil der Mittel sind Bürgschaften. Bürgschaften helfen jedoch nicht, Eigenkapitalverluste auszugleichen. Die ebenfalls angebotenen Eigenkapitalhilfen aber werden nur sehr zögerlich in Anspruch genommen. Von 100 Milliarden Euro, die der Staat bereitgestellt hat, wurden bislang gerade einmal 19 Milliarden abgerufen - hauptsächlich von der Commerzbank.

Der Grund ist, dass die Annahme staatlichen Eigenkapitals mit Strafen verbunden ist: Vertreter der Behörden lassen sich in den Aufsichtsräten nieder und reden dort mit. Außerdem werden die Managergehälter gekappt. Vorstände von Banken, die Staatshilfen in Anspruch nehmen, dürfen jährlich nur 500 000 Euro verdienen - ein empfindlicher Einschnitt für Bankvorstände, die in Deutschland vor der Krise im Durchschnitt 2,2 Millionen Euro pro Jahr bekamen.

Die verständliche Devise in den Bankvorständen lautet deshalb: „Runter mit dem Geschäftsvolumen!“. Die Banker ziehen es vor, ihre Bilanzen wieder in Ordnung zu bringen, indem sie ihr Aktivgeschäft reduzieren, das heißt, weniger Kredite an die Firmen vergeben.

Das Problem ist gravierend: Bei einer durchschnittlichen bilanziellen Eigenkapitalquote von 4 % bedeutet 1 % Verlust auf die Anlagen die Vernichtung von einem Viertel des Eigenkapitals. Um die Eigenkapitalquote zu halten, muss die Bank entsprechend ein Viertel ihres Geschäftsvolumens abbauen, also 25 % der Ausleihungen. Dieser gewaltige Bilanzmultiplikator kann der deutschen Wirtschaft zum Verhängnis werden. Kommt der Kreditfluss ins Stocken, fehlt das Geld für die notwendigen Investitionen, und der beginnende Aufschwung gerät in Gefahr.

So haben etwa auch deutsche Banken in amerikanische Subprimeprodukte investiert und die Finanzkrise so importiert. Man mag ihnen vorwerfen, dass sie sich am weltweiten Wettlauf um höhere Renditen beteiligt und in Produkte investiert haben, deren Risikogehalt sie nicht einschätzen konnten. Bemerkenswert ist aber, dass die staatsnahen Landesbanken dieser Versuchung offensichtlich stärker erlegen sind als die privaten Geschäftsbanken. Gerade einige dieser öffentlichen Institute waren es auch, die mit riesigen Hebeln über ausländische Tochtergesellschaften zum Teil exzessiv spekuliert haben.

Einmal mehr muss hier aber auch die Politik sich Versäumnisse in ihr Stammbuch schreiben lassen. Auf internationaler Ebene traten viele Länder in einen Laschheitswettbewerb an staatlicher Finanzmarktregulierung ein, weil sie am Boom des Investmentbanking partizipieren wollten. Das förderte die weltweite Ausbreitung der Krise.

In Deutschland wird sich die Politik, insbesondere bei den Landesbanken berechtigte Vorwürfe gefallen lassen müssen. Unter ihrer Aufsicht – oder vielmehr unterlassener Aufsicht – haben sich einige Landesbanken, deren Aufgabe in erster Linie die Förderung des heimischen Mittelstandes sein sollte, in Geschäfte gestürzt, die offenbar mehr als eine Nummer zu groß für sie waren. Zudem machten sie sich noch auf dem internationalen Parkett gegenseitig Konkurrenz, wofür nun der deutsche Steuerzahler bürgen muss. Nicht zuletzt deshalb hat Bundeswirtschaftsminister Rainer Brüderle eine Konzentration in der zersplitterten Landesbankenlandschaft angeregt.

Hier wird wieder einmal deutlich, was nicht nur Liberale schon lange wissen: Der Staat ist nicht der bessere Unternehmer. Auch wenn private Institutionen gelegentlich zurecht kritisiert werden, zeigt sich dennoch, dass auch die öffentliche Hand hier nicht per se besser agiert – und schon gar nicht, wenn die Politik hierbei noch versucht, auf die privaten Institutionen Einfluss zu nehmen.

Ob diese Krise durch die staatlichen Rettungsaktionen überwunden wurde, ist zweifelhaft. Denn noch längst sind nicht alle Belastungen auf dem Tisch. So prognostizierte der Internationale Währungsfonds bereits im Oktober 2009, dass die Banken der USA, der Euroländer, Großbritanniens und Japans etwa 3,4 Billionen Dollar verloren haben. Tatsächlich hatten die Banken der Welt aber bis zum 1. Oktober 2009 erst 1,6 Billionen Dollar Abschreibungen ausgewiesen. Die Abschreibungsverluste können also noch auf das Doppelte der bislang ausgewiesenen Werte steigen. Dann werden weitere Banken auf staatliche Hilfe angewiesen sein.

Tatsächlich scheint die bisherige Regulierung kartellfördernd gewirkt zu haben. Die Zahl der Privatbanken hat abgenommen. Zudem ist die Eigenkapitalquote gesunken. Ferner wurde das Verhalten der Banken in der Krise gleichgeschaltet, was zu koordinierten Notverkäufen und verschärftem Preisverfall geführt hat. Es gibt also gute Gründe anzunehmen, dass Regulierung die Märkte nicht sicherer, sondern unsicherer gemacht hat.

Die Schlussfolgerung, Leerverkäufe oder aber CDS zu verbieten, um so die Stabilität des Finanzsektors zu erhöhen, ist dagegen mit der Finanzkrise empirisch nicht unbedingt bewiesen. Verhaltenstheoretische Experimente zeigen vielmehr, dass beispielsweise Leerverkäufe von Wertpapieren zur Glättung von Preisbildungsprozessen beitragen und spekulative Blasen, wenn nicht verhindern, dann doch immerhin in ihrer Größe beschränken.[10] Hinzu kommt, dass die Möglichkeit sich gegen Kreditausfälle mit CDS abzusichern die Refinanzierung von Risikostaaten insgesamt günstiger werden lässt. Ein undifferenziertes Verteufeln von Finanzmarktinstrumenten trägt jedenfalls nicht zu einer größeren Stabilität bei. Deswegen hält nicht ein böser „Heuschrecken-Lobbyverband", sondern die EU-

10 So etwa der renommierte Wirtschaftstheoretiker Prof. Jörg Oechssler im Interview mit „Spektrum der Wissenschaft": "Spekulationsblasen im Labor" (S. 73), 2009.

Kommission selbst ein CDS-Verbot für gefährlich.[11] Denn ohne CDS könnten Anleger die Griechen-Bonds nicht mehr gegen Ausfall absichern und würden deshalb möglicherweise noch höhere Risikoaufschläge verlangen als jetzt. An den Märkten kam dies jedoch keineswegs als beruhigendes Signal an, im Gegenteil: Der Euro fiel gegenüber dem Dollar auf ein neues Vier-Jahres-Tief, die Aktienbörsen in Deutschland und Europa gaben deutlich nach. Die EU-Kommission und mehrere europäische Regierungen waren also verständlicherweise sauer über Deutschlands Vorstoß im Mai 2010. Finanzminister Schäuble hatte die anderen EU-Länder, vor allem aber auch den traditionellen Partner Frankreich, mit dem Verbot für Leerverkäufe überrumpelt. Experten halten das Verbot für wahlweise sinnlos, wirkunglos oder überstürzt.[12] Investoren spekulierten, die Bundesregierung habe die konkrete Angst vor einer neuen Abwärtsspirale an den Märkten zu diesem Schritt getrieben haben. Hinter vorgehaltener Hand macht man in Regierungskreisen jedoch keinen Hehl daraus, dass der eigentliche Antreiber für den Vorstoß ein ganz anderer war: Bundeskanzlerin Angela Merkel hatte Rückenwind für ihre Regierungserklärung im Bundestag am 19. Mai 2010 gebraucht. Die Zustimmung der Unionsfraktion zum Euro-Rettungspaket war gefährdet, falls es nicht zugleich ein deutliches Zeichen zur Zähmung der Finanzmärkte gäbe. Wer wochenlang auf die Spekulanten einprügelt, muss dann auch was tun - auch wenn es de facto wenig bringt.

Die Krise hat einmal mehr gezeigt: Der Staat ist weder der bessere noch der umsichtigere (Finanz-) Unternehmer. Die wichtigste Lehre aus der Finanzkrise ist doch, dass der Staat als Regulierer und als Banker versagt hat. Staatliche Landesbanken haben ohne ausreichende Sorgfalt spekuliert, weil sie kein anderes Geschäftsmodell mehr für sich finden konnten. Landesbanken haben die größten Probleme - und werden sie leider zu Lasten der Steuerzahler lösen.

Verantwortungsbewusste Politik kann das nicht zulassen. Der Staat muss das fehlende Eigenkapital bereitstellen - aber nicht als Geschenk. Staatliche Geschenke würden geradezu einladen, das alte, riskante Geschäftsmodell fortzusetzen.

Vernünftiger ist der folgende Weg: Banken, die am Markt nicht genug Eigenkapital finden, um das Bilanzvolumen der letzten drei Jahre mit mindestens 4 % Eigenkapital zu unterlegen, müssen akzeptieren, dass der Staat das Eigenkapital auffüllt und Teilhaber wird. Die Alt-Aktionäre müssen den Staat als Mitgesellschafter akzeptieren. Der Staat erhält für seine Hilfe Aktien zu einem fairen Preis.

Natürlich dürfen die Banken keine Behörden werden. Der Staat hat zwar Geld, ist aber ein schlechter Banker. Die private Rechtsform muss deshalb unbedingt

11 So zitiert das Handelsblatt in seiner Ausgabe vom 17.05.2010 einen hohen Beamten mit den Worten „Es könnte dazu führen, dass Griechenland und andere Länder den Käufern ihrer Staatsanleihen noch höhere Zinsen zahlen müssen“.

12 So etwa werden der Chef der Deutschen Börse, Werner Seifert, Vertreter deutscher Privatbanken oder auch Vertreter der tschechischen Zentralbank in der FAZ vom 20.05.2010 zitiert.

erhalten bleiben. Sie schützt die privaten Minderheitseigentümer und die Volkswirtschaft davor, dass der Staat seine Machtposition missbraucht. Die private Rechtsform ist auch deshalb erforderlich, weil der Staat seinen Aktienbesitz nicht auf Dauer halten soll. Sobald die Krise vorbei ist, soll er seine Anteile wieder verkaufen - gerne auch mit Gewinn.

Für die Zeit nach der Krise sind noch zusätzliche Schritte notwendig. So ist es von entscheidender Bedeutung, die Ordnungs- oder Regulierungsregeln des Bankensystems international zu harmonisieren, um dem absurden Wettbewerb nach immer schwächeren Vorschriften einen Riegel vorzuschieben. Zu dem Zweck müssen die Staaten der Welt sich zu einem Basel-III-Abkommen zusammenfinden, das Mindeststandards für die Qualität der Bankprodukte festlegt. Mit dem G-20-Gipfel von Pittsburgh ist ein Anfang für eine solche Harmonisierung der Bankenregulierung gemacht worden. Zumindest in der EU werden aufgrund der gemachten Erfahrungen die Planungen hierzu nun trotz schwierigster Verhandlungen konkreter. Auf dem internationalen Parkett jedoch ist es in letzter Zeit um dieses Thema aber bedenklich still geworden.

Insbesondere müssen die Regulierer langfristig höhere Eigenkapitalquoten verlangen. Das ist die Schlüsselstrategie für die Gesundung des Bankwesens. Ein hoher Eigenkapitalanteil puffert Stöße besser ab. Vor allem schafft er mehr Sorgfalt im Umgang mit dem Risiko, weil die Aktionäre mehr zu verlieren haben. Die Vertreter der Banken werden diese Vorschläge nicht mögen, weil dadurch die Eigenkapitalrendite sinkt. Aber wenn aus der Krise eine Lehre gezogen werden kann, dann diese: Dem Geschäftsmodell mancher Banken, aus bloßem Risiko Erträge zu generieren, muss ein für alle mal der Boden entzogen werden.

So waren es im Vorfeld der Finanzkrise 2008 in der Tat die Banken, die zu viele schlechte Risiken angehäuft hatten und deshalb in eine Schieflage gerieten. Auch 2010 sind die staatlichen Rettungspakete notwendig geworden, damit der Bankrott eines Staates nicht auch die Banken in den Abgrund zieht. Wer hier allerdings die Kreditinstitute als die Schuldigen ausmacht, gerät in einen unauflösbaren Widerspruch: Man kann ihnen nicht einerseits stellvertretend für die große Gemeinde der Finanzinvestoren vorwerfen, den Kauf von Staatsanleihen zu verweigern, und sie dann andererseits dafür schelten, dass sie in die riskanten europäischen Staatsanleihen mit den lukrativ hohen Zinsen investiert haben.

Was die Liberalisierung des amerikanischen Hypothekenmarktes und die lockere Geldpolitik im Fall der Finanzkrise 2008 war, ist für die Griechenlandkrise 2010 ein Konstruktionsfehler im Maastrichter Vertrag. Da es von Beginn an keinen definierten Weg gab, wie mit Pleitestaaten umgegangen werden soll, konnten die Akteure an den Finanzmärkten getrost davon ausgehen, dass am Ende die anderen Euro-Länder einspringen würden, wenn es schiefgeht. Die No-Bail-out-Klausel ist jedenfalls so formuliert, dass sie zwar theoretisch Rettungsaktionen ausschließt, sich diese Vorgabe in der Praxis aber nicht halten lässt. Nur so konnten Griechenland und andere einstige Weichwährungsländer sich über Jahre hinweg zu Zinsen finanzieren, die auf einem Niveau mit der Rendite auf deutsche Staatsanleihen lag. Und nur weil es eine implizite Garantie für die Staatsschulden aller Euro-Länder gab, sind die Abnehmer von Staatsanleihen erst viel zu spät (nicht zu früh) in den Käuferstreik getreten. Eine solche Ursachenanalyse gefällt Politikern und Zentralbankern nicht, weil damit die Hauptverantwortung für die Krankheiten der europäischen und amerikanischen Wirtschaft bei ihnen liegt. Sicher, Banker und Spekulanten haben Fehler gemacht und handeln zum Teil erratisch. Es bringt aber wenig, an Symptomen herumzudoktern, wenn die Politik nicht begreift, dass die Ursache des Übels auch das eigene verantwortungslose Handeln ist.

1.2 Die Neuordnung der Finanzmärkte: Leitplanken statt Fesseln

Eine entscheidende Schwierigkeit beim politischen Umgang mit der Finanzkrise war, dass das deutsche Insolvenzrecht keine angemessenen Handlungsoptionen bot. Viele Banken erwiesen sich aufgrund ihrer großen Bedeutung für den Finanzmarkt als zu groß, um zu scheitern. Diese Systemrelevanz machte Insolvenzen unmöglich, da dies schwerwiegende Folgen für das gesamte deutsche Finanzsystem gehabt hätte. Daher liegt der Verdacht nahe, dass viele Banken angesichts dieser Situation übermäßig hohe Risiken in Kauf genommen haben. Die Bundesregierung bemüht sich daher um ein Restrukturierungsverfahren zur Sanierung systemrelevanter Banken in Krisenfall. Dieses unterscheidet sich vom heutigen Insolvenzplanverfahren in drei Punkten: Das Verfahren soll beschleunigt werden. Die Eigentümer der Banken sollen in das Verfahren einbezogen werden, um einen erfolgsversprechenden Plan zur Reorganisation unterstützen zu können und dem eigentlichen Verfahren soll ein Sanierungsverfahren vorausgehen, damit Schieflagen durch die Geschäftsführung ausgeglichen werden können. In Zukunft soll es daneben möglich sein, systemrelevante Geschäftsfelder einer Bank in andere Banken oder Unternehmen oder in eine staatliche „Brückenbank“ auszulagern. Die Bank kann dann nicht systemrelevante Geschäftsfelder risikofrei weiter erhalten. Dadurch soll vermieden werden, dass der gesamte Finanzmarkt aus dem Gleichgewicht gebracht wird. Die Entscheidungshoheit über Restrukturierungen soll an die Finanzmarktstabilisierungsanstalt (FMSA) übergehen. Es soll verhindert werden, dass der Steuerzahler die dafür benötigten finanziellen Mittel zur Verfügung stellen muss. Daher soll ein Stabilitätsfonds als Sondervermögen des Bundes eingerichtet werden. Dazu wird eine Bankenabgabe erhoben, deren Aufkommen von der FMSA verwaltet wird. Die FMSA ist bereits für die Kontrolle des SoFFin zuständig. Damit wird die Finanzierung zukünftiger Abwicklungs-und Restrukturierungsmaßnahmen für systemrelevante Banken gesichert. Alle deutschen Kreditinstitute sollen in diesen Fonds einzahlen. Der finanzielle Beitrag, den eine einzelne Bank leisten soll, ergibt sich aus dem systemischen Risiko, vor allem aus der Größe und der globalen Vernetzung der Bank. Der endgültige Maßstab soll sich an der Bilanzsumme, abzüglich des Eigenkapitals und der Einlagen, orientieren. Die Abgaben dürfen nicht zu einer Belastung für den nationalen Finanzmarkt und insbesondere nicht zu Liquiditätsproblemen für die Wirtschaft führen. Das Ziel eines solchen Fonds ist ein stabilerer Finanzmarkt, der wichtige Beiträge für die Realwirtschaft leisten kann.

Durch die Finanzkrise wurden auch Defizite bei der Bankenaufsicht deutlich. Die von der rot-grünen Bundesregierung eingeführte Organisation der Finanzaufsicht, die sich durch eine Aufteilung der Zuständigkeiten auf Bundesbank und Bundesanstalt für Finanzdienstleistungsaufsicht (BaFin) kennzeichnet, hat sich nicht bewährt. Erkenntnisse wurden unzureichend weitergeleitet, Verantwortung wurde abgegeben und notwendige Entscheidungen wurden hinausgezögert. Daher möchte die christlich-liberale Koalition die Kontrolle der Finanzbranche in einer Organisation zusammenfassen.

Dass hierdurch die geldpolitische Unabhängigkeit der Banken geschwächt wird, sehe ich nicht. Gerade die Bundesbank steht in dem Ruf, eine entpolitisierte Geldpolitik zu betreiben und hat diese Auffassung nicht zuletzt auch in den Gremien der EZB immer deutlich zum Ausdruck gebracht – oft nicht zur Freude von jedermann, einschließlich der EZB-Spitze. Wie auch immer die genaue Aufteilung der Kompetenzen in Zukunft im Detail aussehen wird, für die Finanzaufsicht wird die Zusammenlegung insgesamt eine Stärkung mit sich bringen und die Transparenz am Finanzmarkt erhöhen.

Desweiteren soll die Regulierung und die Aufsicht von Ratingagenturen verbessert werden. Der Ratingprozess soll klarer gestaltet werden und mögliche Interessenkonflikte sollen verhindert werden. Laut der seit 7. Dezember 2009 gültigen Ratingverordnung der EU sollen Ratingagenturen, die in der EU tätig sind, ihre Registrierung zunächst bei nationalen Aufsichtsbehörden beantragen können. Ab Januar 2011 hat die neue europäische Wertpapieraufsicht (ESMA) die direkte Aufsicht über die Ratingagenturen übernehmen. Haftungslücken müssen geschlossen werden, damit man die Verantwortlichen belangen kann. Nur im europäischen Bankenraum kann es eine vernünftige Überwachung der transnational agierenden Banken, Fonds und Versicherungen geben. Daher gibt es neue Behörden im Europäischen Finanzaufsichtssystem (ESFS). Zentrale Aufgabe der Europäischen Bankaufsichtsbehörde (EBA) wird es sein, europäische Aufsichtsstandards zu entwickeln, die den Rahmen für die zuständigen nationalen Aufsichtsbehörden bilden. Direkte Eingriffsrechte der EBA bestehen, wenn sich verschiedene nationale Aufsichtsbehörden nicht über eine einheitliche Finanzmarktregulierung einigen können, oder wenn eine nationale Behörde gegen EU-Recht verstößt. Beschlüsse der EBA dürfen „keine direkte Auswirkung auf die finanziellen Verantwortlichkeiten von Mitgliedstaaten“ haben. Die Aufgaben der EIOPA (Europäische Aufsichtsbehörde für das Versicherungswesen und die betriebliche Altersvorsorge) sind die Kontrolle der Unternehmensführung, die Rechnungsprüfung und die Finanzkontrolle von Unternehmen im Versicherungs-und Rückversicherungsbereich sowie von Einrichtungen der betrieblichen Altersvorsoge und Versicherungsvermittlern. Die Europäische Wertpapieraufsichtsbehörde (ESMA) wird unter anderem zuständig sein für die Zulassung von Ratingagenturen. Die ESMA soll zukünftig diejenige Behörde sein, die festlegt, welche von den Kontrakten, die über eine Central Counterparty abgewickelt werden, generell verpflichtend über eine Börse gehandelt werden müssen. Außerdem wird die ESMA in diesem Kontext gemeinsam mit dem Europäischen Ausschuss für Systemrisiken überprüfen, welche außerbörslich gehandelten Finanzprodukte ein zu großes systemisches Risiko aufweisen. Diese müssen dann künftig börsengehandelt werden.

Die bisherigen Verjährungsfristen sind aufgrund der oft sehr komplexen Sachverhalte zu kurz. Die Bundesregierung plant aus diesem Grund, die Verjährungsfristen für die Organhaftung bei börsennotierten Aktiengesellschaften von fünf auf zehn Jahre zu erhöhen. Die Möglichkeit, Vorstandsmitglieder zur Verantwortung zu ziehen, soll dadurch verbessert werden. Dadurch wird es möglich, Ersatzansprüche auch dann noch durchzusetzen, wenn ihr Bestehen erst später erkannt wird oder wenn ihre Geltendmachung erst aufgrund einer Änderung der personellen Zusammensetzung der Gesellschaftsorgane geschehen kann.

Man muss aus der Krise die Konsequenz ziehen, Gewinnchancen, Verantwortung und Haftung von Unternehmen wieder stärker miteinander zu verbinden. Auch wenn schon viel erreicht wurde, entscheidend wird sein, das Systemrisiko zu vermindern. Das muss unser zentrales Ziel sein. Und dafür ist eine maßvolle Regulierung des Bankensektors mit Sinn und Verstand der Schlüssel.

1.3 Die neue Blase: Staatsverschuldung

Die Diskussion um Rettung von Banken ist mittlerweile von der Rettung von Staaten abgelöst worden und hat die Frage nach der Reichweite europäischer Solidarität aufgeworfen.

Es fällt auf, dass es sich bei den meisten der verschuldeten Staaten um sogenannte Wohlfahrtsstaaten handelt. So ist neben den USA und Japan beinahe umfassend Westeuropa betroffen. Wenn in Frankreich gegen die Rente mit 62 demonstriert und gestreikt wird, ist das Kernproblem klar.

Über zu viele Jahre hinweg haben sich viele Staaten ein nicht refinanzierbares Sozialsystem geleistet. Ein zu geringes Steueraufkommen in Kombination mit einer kurzsichtig angelegten und damit verfehlten Wirtschaftspolitik haben die entstandene Schere von Ausgaben und Einnahmen immer weiter auseinander klaffen lassen. Zu dem immer unüberschaubareren Schuldenberg kommen die enormen Zinslasten hinzu. Diese stellen zunehmend ein eigenständiges und schweres Gewicht bei dem Versuch dar, der Schuldenspirale zu entkommen. Gerade Deutschland ist hiervon betroffen und hat heute einen nie dagewesenen Zinsenrekord auf dem Konto. Dieser ohnehin schon fatale kurzfristige Effekt wurde in einigen Staaten durch eine fehlgeleitete Wirtschaftspolitik geradezu zementiert. Durch inflationäre Wirtschaftsbooms (Bsp. Immobilienblase in Spanien) sowie die Vernachlässigung von Innovation und Produktivität schwächten die Staaten mittel- und langfristig ihre Wettbewerbsfähigkeit und setzten damit eine fatale Schuldenspirale in Gang.

Die aktuellen Probleme um Griechenland, Portugal oder Irland werden in Zukunft ihr Pendant auch in den USA, auch in diversen Bundesstaaten und Städten finden: Die Staaten Kalifornien und Illinois oder die Stadt San Francisco kämpfen mit sinkenden Steuereinnahmen und steigenden Ausgaben wie zum Beispiel Pensionsverpflichtungen. Auf dem riesigen US-Kommunalanleihemarkt gibt es jetzt bereits immer weniger Käufer. Während die Euro-Krise mit dem wirtschaftlich eher vernachlässigenswerten Griechenland anfing, könnten die USA ein weit größeres Problem bekommen, wenn das wirtschaftlich so bedeutende Kalifornien Probleme bekommt sich zu refinanzieren. Die naive keynesianische Schuldenpolitik von US-Präsident Obama auf nationaler Ebene könnte sich dann umso mehr rächen. Sollte aber der Riese USA wanken, werden die Erschütterungen größer sein als das, was wir bei Griechenland und Irland erlebt haben. Und hierzu könnte es schneller kommen, als man denkt. Denn gerade für die asiatischen Staaten, vorneweg China und Japan verliert der US-Dollar als bisheriger währungspolitischer Leitstern mehr und mehr an Strahlkraft. Beide Länder sind an einer Diversifizierung ihrer Portfolios und in diesem Rahmen auch an einer Stabilisierung des Euro interessiert. Sollten sich etwa beide Länder auch weiter als Käufer von europäischen Staatsanleihen auf den Finanzmärkten betätigen, könnte hierdurch auch die europäische Schuldenkrise merklich gemildert werden.

Die meisten osteuropäischen Staaten und vor allem die sogenannten Schwellenländer dagegen finden sich erst ganz am Ende der Liste wieder. In den BRIC-Staaten gibt es keine Probleme der Refinanzierung von Staaten. Kein Wunder: Diese Länder haben keinen überbordenden Wohlfahrtsstaat und eine größere wirtschaftliche Dynamik. Also spiegelbildlich das Gegenteil der wirtschaftlich weniger dynamischen und überschuldeten Wohlfahrtsstaaten des Westens.

Haben die Bankenkrise und die meisten Staats- bzw. Verschuldungskrisen auch auf den ersten Blick nichts miteinander zu tun, finden sich auf den zweiten Blick doch einige Parallelen und können bestimmte Lehren gezogen werden.

Der Schneeballeffekt, den die Bankenkrise in den USA auf die übrigen Finanzmärkte hatte, lag darin begründet, dass es faktisch keine getrennten Finanzmärkte mehr gibt. Es gibt letztlich einen großen globalen Finanzmarkt und am Computer kann man im Formular sein Häkchen bei der Börse machen, an der man die Transaktion durchführen möchte. Nebenbei bemerkt kann man sich damit an fünf Fingern ausrechnen, was passieren wird, wenn hinter „Frankfurt“ in Klammern „Finanztransaktionssteuer“ stehen wird. Ein gemeinsamer Markt braucht auch gemeinsame Regeln. Ein nationaler Alleingang ist somit nicht nur sinnlos im Hinblick auf das anvisierte Ziel, sondern schadet im weltweiten Vergleich sogar dem Finanzplatz Deutschland.

Das Beispiel Griechenland hat deutlich gezeigt, was die drohende Zahlungsunfähigkeit eines Staates bedeutet, wenn man in einem gemeinsamen Boot sitzt, das nicht nur „EU“, sondern vor allem auch „Euro“ heißt.

Einmal mehr: Die Märkte als Sündenbock

Der Schneeballeffekt, den Griechenland mit einer maßlosen Schuldenspirale in Gang setzte, stellte über Nacht die Regierungschefs vor Fragen, zu denen es keine Antworten gab. Ähnlich wie bei der Finanzkrise waren die Sündenböcke schnell gefunden. Diesmal waren es nicht die Banken, sondern die noch unbestimmbarere Gruppe der „Märkte“, die man für die Eskalation der Lage und die Gefahr für die Gemeinschaftswährung verantwortlich machte. Teils tat man dies, um nicht vor der eigenen Haustür kehren zu müssen. Denn die Tatsache, dass man eben auf eine solche Situation nicht vorbereitet war, obwohl Experten schon lange (nämlich seit Einführung des Euro) vor genau dieser gewarnt hatten, offenbart ein jahrzehntelanges politisches Versagen und das Verschließen der Augen vor offensichtlichen Fehlentwicklungen in den europäischen Mitgliedstaaten.

Es ist die Politik, die die Regeln für bestimmte Situationen und auch Krisen zu setzen hat. Versäumt sie dies jedoch, dann sind es die Märkte, die den Finger in die Wunde legen. Wenn von diesem oder jenen politisch Verantwortlichen der Eindruck erweckt wurde, dass die Märkte die Politik vor sich hintreibe, dann ist diese Situation selbst verschuldet. Ohne vorheriges politisches Versagen bietet sich nämlich keine Angriffsfläche für Spekulanten. Und im Gegensatz zu den Spielregeln des politischen Alltags, der durch notwendige Kompromisse und manchmal auch zur Untätigkeit aus Opportunitätsgründen verdammt ist, orientieren sich die Märkte ausschließlich an den harten Fakten und handeln danach. Der Druck, der hiervon ausgeht, hat bei weitem nicht nur negative Effekte. Er zwingt oftmals die Politik gerade dort zum Handeln, wo schon längst hätte gehandelt werden sollen. Letztlich führte gerade zum Beispiel der Druck der Märkte zu den notwendigen Sparprogrammen in Spanien und Portugal.

Der schwere Weg aus der Schuldenspirale

Die harten Zahlen und Fakten, die manchmal in der Politik aus Gründen der Opportunität wenn nicht gar verschwiegen, dann doch wenigstens nicht auf dem Silbertablett herumgereicht werden, sprechen eine deutliche Sprache und sind für die Märkte Dreh- und Angelpunkt ihres Handelns. Die sich immer schneller drehende Schuldenspirale zeigt sich an ihnen mehr als deutlich – erst recht, wenn die wichtigen Zahlen genannt werden. Dazu gehört sowohl die explizite Staatsverschuldung eines Landes als auch seine explizite Verschuldung. Nur bei Betrachtung beider Größen kann man zu einer aussagekräftigen Einstufung der finanziellen Liquidität, aber auch Bonität des Landes kommen. Entscheidend für die Bonität und damit die Frage ob sich ein Land noch selber refinanzieren kann, ist das Verhältnis der durchschnittlichen jährlichen Zinsverpflichtungen auf die Schuldensumme der öffentlichen Haushalte. Beträgt diese mehr als 30 % der Steuereinnahmen desselben Jahres - wie dies in Griechenland der Fall ist - wird die Situation aus haushalterischer Sicht kritisch.

Staatsschulden an sich sind nichts Schlimmes. Auch das reiche Norwegen hat - aus finanzwirtschaftlichen Gründen - Schulden. Deutschland verzeichnet 1,7 Billionen Euro explizite Staatsschulden. Doch deren absolute Höhe sage nichts über den Grad der Gefährdung aus, meint Walter Wittmann, emeritierter Wirtschaftsprofessor aus Fribourg (Schweiz).[13] Er erinnert daran, dass die Verschuldung stets zu relevanten Größen in Beziehung gesetzt werden muss. Relevant sei das Verhältnis zur Wirtschaftsleistung (BIP). Danach würde die deutsche Schuldenquote 78 % betragen. Doch die Freiburger Finanzwissenschaftler Bernd Raffelhüschen und Christian Hagist sowie die Stiftung Marktwirtschaft haben eine zusätzliche implizite Staatsschuld von 6,2 Billionen Euro errechnet, die sich aus Pensionslasten und Ansprüchen an die Sozialversicherungen ergibt.[14] Damit liegt die deutsche Schuldenquote bei 315 % der Wirtschaftsleistung. Eine dramatische Zahl, die nicht nur bereits heute für einen massiven Sparzwang in Bund, Ländern und Kommunen sorgt, sondern für die nahe Zukunft Steuererhöhungen, Zwangsanleihen und Pensionskürzungen vermuten lässt. Was tun? Ideal wäre es, wenn zukünftig die nominale Wachstumsrate den Zinssatz der Staatsschulden übersteigen könnte. Die Schulden könnten so langsam „weg wachsen“. Die Politik muss also aktiv entgegensteuern.[15] Jede Maßnahme hätte unterschiedliche Wirkungen auf die Bürger: Je nachdem, ob der Bürger Lohneinkommensbezieher, Sparer oder Gewinneinkom-

13 Wittmann, Walter: Staatsbankrott: Warum Länder Pleite gehen – Wie es dazu kommt – Weshalb uns das was angeht, Orell Fuessli, 2010.

14 Abrufbar unter http://www.stiftung-marktwirtschaft.de/wirtschaft/themen/generationenbilanz.html

15 Sehr instruktiv hierzu Konrad, Kai A. / Zschäpitz, Holger: Schulden ohne Sühne? Warum der Absturz der Staatsfinanzen uns alle trifft, C.H. Beck, 2010.

mensbezieher (Aktionär, Unternehmer, Immobilienbesitzer) ist. Sparer wären von einer direkten Streichung der Staatsschulden ebenso stark betroffen wie von einer Hyperinflation oder Währungsreform. Aktionäre fürchten dagegen eine einmalige Sondersteuer auf alle Formen des Kapitalvermögens. Lohneinkommensbezieher möchten höhere Steuern auf Arbeitseinkommen ebenso abwenden wie Kürzungen im öffentlichen Haushalt. Wüsste man doch nur vorher, wie sich der eigene Staat entschulden wird! Einige Maßnahmen sind im Übrigen technisch beschränkt: Inflation ist nur dann eine „Lösung", wenn die Staatsschuld aus Schuldtiteln mit hoher Laufzeit besteht. In Deutschland beträgt die durchschnittliche Laufzeit der gesamten Bundesschuldpapiere 6 Jahre, in Großbritannien sind es 14 Jahre. Ergo ist die Inflationsgefahr auf der Insel besonders groß, bei uns wäre Inflation nur eine bedingt wirksame „Lösung". Wenn wir aus der Billionenfalle aber nicht herauskommen, drohen uns allen - Arbeitnehmern, Rentnern, Kapitalanlegern – gravierende wirtschaftliche Folgen. In der richtigen Dosis muss Staatsverschuldung nicht negativ sein. Eine Überdosis des süßen Gifts kann und wird aber zu unkontrollierbaren Folgen führen.

Der Patient PIIGS: Ein Symptom, verschiedene Krankheiten

Kaum ein Wort steht mehr für die Folgen einer sich immer schneller drehenden Schuldenspirale als das Wort „PIIGS". Die Abkürzung PIIGS wurde während der Euro-Krise 2010 für die fünf Euro-Staaten Portugal, Italien, Irland, Griechenland und Spanien populär. Die Bezeichnung erinnert an das englische Wort „pigs" (deutsch: „Schweine"), so dass sie zwar leicht zu merken, aber nicht gerade dazu geeignet war, die ohnehin emotional aufgeladene Debatte um Finanzhilfen zu versachlichen. Ursprünglich wurde im Jahre 2008 von angelsächsischen Journalisten der Begriff der PIGS-Staaten nur mit einem „I" verwendet. Hierin stand das „I" für Italien. Abgesehen davon dass bei den von Überschuldung bedrohten Staaten hier Irland unberechtigterweise fehlte, muss natürlich auch Großbritannien hier genannt werden, was angelsächsische Kommentatoren gerne unter den Tisch fallen lassen. Der aufgespannte Euro-Rettungsschirm soll allen Mitgliedstaaten zugute kommen, die sich in einer so angespannten finanziellen Lage befinden, dass sie sich aus dieser aus eigener Kraft nicht mehr selbst befreien können. Diese Lage kann, sie muss aber nicht unbedingt immer (zumindest überwiegend) selbst verschuldet sein. Der Euro-Rettungsschirm unterscheidet hier nicht. In der öffentlichen Wahrnehmung jedoch ist er eng verbunden mit dem Staat, dem er seine Entstehung zu „verdanken" hat: Griechenland. Er gilt damit pauschaliert als Sicherungsnetz für Staaten, die jahrzehntelang verantwortungslose Misswirtschaft betrieben haben und nun auf Hilfe Dritter angewiesen sind, weil sie nicht mehr an billiges Geld kommen. Keine attraktive Aussicht also für einen Staat, um nach Finanzhilfen zu fragen, will er nicht mit Griechenland in einen Topf geworfen werden. Die Spekulationen über diese Staaten helfen nicht nur nicht weiter, sie sind vor allem inhaltlich zu undifferenziert, denn die Fälle Irland, Portugal und Spanien sind sehr unterschiedlich, wie ein Blick auf die Zahlen verdeutlicht.[16]

Irland

Irland ist nach Griechenland das zweite Mitgliedsland der Eurozone, das Hilfe bei der Bewältigung seiner Schulden braucht. Als erstes Land hat es einen Antrag auf Hilfen aus dem Rettungsschirm gestellt und sie auch zurecht erhalten. Ganz im Gegensatz zu Griechenland hat Irland nämlich kein chronisches, sondern lediglich ein temporäres Problem. Anders als Griechenland verfügt Irland über eine starke ökonomische Basis in Form einer gut aufgestellten Wirtschaft und eines soliden Staatshaushaltes. Gerade was das Wirtschaftswachstum angeht, war Irland noch vor Jahren europäischer Musterschüler. Mit extrem niedrigen Steuern lockte die Regierung in den vergangenen Jahrzehnten Investoren aus aller Welt an. So nicht zuletzt aus den USA. Neidisch wurde deshalb auch von Deutschland aus auf die grüne Insel geschaut. Die Kehrseite war jedoch, dass der Abschwung in den USA auch zu einem Abschwung in Irland führte. Die Exportstärke nahm und nimmt nichtsdestotrotz noch trotz Krise zu, die Industrieproduktion steigt stark an, selbst die Arbeitslosenquote beginnt, wenn auch langsam, zu sinken. Nach Schätzungen des Instituts für Weltwirtschaft dürfte das Wachstum 2011 wieder 2,3 % betragen und damit auch die Dynamik der deutschen Wirtschaft im kommenden Jahr übertreffen. Das rasante Wachstum der Vergangenheit hatte allerdings auch seine Kehrseite: So hat insbesondere die Bankenkrise Irland schwer zu schaffen gemacht. Die irischen Banken haben sich in Zeiten des Kreditbooms schlichtweg überhoben. Irland muss sich den Vorwurf gefallen lassen, dass es durch einige falsche Weichenstellungen - etwa die Aufblähung des Bankensektors – hierzu beigetragen hat. Die Banken verspekulierten sich mit überteuerten Immobilien, der Staat musste sie mit Milliarden stützen. Dabei könnte sich Irland mit Garantien, die bei 243 % seines BIP liegen, übernommen haben. Schon jetzt hat die Bankenkrise in Irland eine Verteuerung der Refinanzierung der Banken im Euro- und Pfundraum zur Folge. Dies könnte fatale Auswirkungen auf das Haushaltsdefizit haben.

Dem Eurochaos folgte in Irland das politische Chaos: Kurz nachdem die Regierung des Landes um Hilfen aus dem Euro-Rettungsschirm bat, stand die Regierung am Abgrund. Premier Brian Cowen kündigte Neuwahlen für Januar an – nach der Verabschiedung des Sparplans für die nächsten Jahre.

16 Siehe Abbildung 1 (Anhang)

Diese politische Krise ist insofern tragisch, als dass das Land zurzeit nichts mehr braucht als politische Stabilität. Zudem kann man der Regierung kein direktes Fehlverhalten vorwerfen: Sie hat lediglich die immensen Probleme der heimischen Banken unterschätzt und sich relativ früh entschieden, die Institute zu retten. Dabei hat die Regierung weit mehr Geld investiert, als es dem Staatshaushalt guttut.

Erste Details zu diesem ambitionierten Sparprogramm gab Irland erstmals im Oktober bekannt – damals war aber noch keine Rede vom Rettungsschirm.

In den kommenden vier Jahren sollen die Staatsausgaben um 10 Milliarden Euro gekürzt werden und die Steuereinnahmen um 5 Milliarden Euro erhöht werden. Die Entlastungen von insgesamt ca. 15 Milliarden Euro führen somit zu Belastungen von im Schnitt 377 Euro pro Einwohner. Zudem plant das Land in den kommenden Jahren die Mehrwertsteuer schrittweise auf 23 % anzuheben, die Mindestlöhne zu senken, die Einkommenssteuer zu erhöhen sowie neue Steuern – etwa eine Immobiliensteuer – einzuführen. Desweiteren sollen im öffentlichen Dienst im Vergleich zu 2008 etwa 25.000 Stellen abgebaut werden. Diese Zahl ist hoch, zumal wenn man bedenkt, dass das Land nur ca. 4 Millionen Einwohner hat. Zum Vergleich: Deutschland hat ca. 80 Millionen Einwohner – setzt man diese Sparpläne in gleicher Relation bei uns um, würde dies eine Streichung von 500.000 Stellen bedeuten. Verglichen mit unserem Haushalt entspräche Irlands Mittelkürzung bei uns Einsparungen, die sich auf ca. 220 Milliarden Euro belaufen würden.

Das Land plant jedoch seine – im EU-Vergleich – extrem niedrige Unternehmenssteuer beizubehalten. Dies mag vielen nicht gerecht vorkommen. Doch sollte sich das Land dazu entschließen, auch diese Steuer zu erhöhen, würde laut der OECD Irland ein wichtiger Wachstumsfaktor fehlen. Es wäre daher kurzsichtig, dies nun zu fordern, will man doch langfristig von Irland wieder sein jetzt gegebenes Geld zurückbekommen und nicht in ein Fass ohne Boden einzahlen, wie manche böse Stimmen dies für Griechenland prophezeien. Ein gangbarer Mittelweg zwischen Steuernivellierung und Steuerdumpingwettbewerb könnte allerdings die Schaffung eines europäischen Korridors sein, wie er im Rahmen der Mehrwertsteuer bereits besteht und derzeit auch beim Pakt für Wettbewerbsfähigkeit diskutiert wird.

Spanien

Spanien ist so etwas wie der „pink elephant in the room“. Seinen Namen im Zuge mit der Krise in Griechenland und dann später bei Ausweitung der Krise zu nennen war ein heikles Unterfangen, wollte man nicht die Spekulationen noch mehr anheizen. Hilflos müssen die Spanier mit ansehen, wie die Risikoprämie für ihre Schuldtitel auf eine neue Rekordhöhe treibt. Nach zwei Jahren Rezession und einer Arbeitslosenquote von über 20 % – mehr als das Doppelte des EU–Durchschnitts – ist das Land verwundbar.

Spanien wehrt sich vehement dagegen, in einen Topf mit den Krisenstaaten Irland oder Portugal geworfen zu werden. Wenn, dann lässt das Land allerhöchstens den Vergleich mit Italien zu, da Spanien immer noch deutlich weniger Zinsen für seine Anleihen bieten muss als Irland und Portugal.

Mehr noch als in Irland sind die massiven Problem auf der iberischen Halbinsel der platzenden Immobilienblase geschuldet – denn Spaniens Aufschwung fußte allein auf einer überhitzten Bauindustrie. Das die Bewohner des Landes scheinbar eine ganz besondere Affinität zu den eigenen vier Wänden haben, macht folgende Zahl deutlich: Mehr als 80 (!) % der Spanier leben im eigenen Haus bzw. in der eigenen Wohnung. Dieser Bauboom hatte zur Folge, dass die wirtschaftliche Leistung des Landes in den ersten Jahren des Jahrzehnts rasant wuchs und die meisten Länder des Euroraums weit hinter sich ließ. Dieser Boom setzte kurz nach der Einführung des Euro ein. Die Einführung des Euro hatte auch in Spanien zur Folge, dass das Land keine zweistelligen Zinsen mehr zahlen musste und in den Genuss niedriger Zinsen kam. Diese niedrigen Zinsen lösten auf der iberischen Halbinsel erst einen unvergleichbaren Investitionsboom aus und eine – aus heutiger Sicht fatale – Kettenreaktion nahm ihren Lauf: Die Bauindustrie boomte, Bauarbeiter war der Traumjob – ließ sich doch auf dem Bau viel Geld verdienen und galt der Job im Zuge des Booms als sicher. Der Wohlstand der Immobilienbesitzer wuchs, was sie zu einem zusätzlichen Konsumgüterkonsum veranlasste. Im Zuge des Baubooms peitschte sich die gesamte Wirtschaft in einen fatalen Höhenflug.

Im Vergleich zu Deutschland oder Frankreich stiegen die Löhne und die Inflation kräftig und ungehindert an. Diese expansive Geldpolitik wurde Spanien letztlich zum Verhängnis, denn die niedrige Produktivität in Verbindung mit einem anziehenden Lohnniveau hatte zur Folge, dass spanische Produkte im Ausland immer weniger konkurrenzfähiger wurden. Die spanische Wirtschaft fußte allein auf dem zügellosen Bauboom und der hemmungslosen Konsumlaune ihrer Bürger.

Der tiefe Fall Spaniens liegt in Fehlern der spanischen Regierung einerseits und in den Fehlern des europäischen Währungssystems andererseits. Die spanische Regierung hat Immobilien extrem niedrig besteuert und damit den Boom künstlich angeheizt. Zudem hat die spanische Regierung in den Jahren des Booms allein auf das Wirtschaftswachstum gesetzt – wichtige Investitionen in Bildung oder in zukunftsfähige Technologien hat das Land schlichtweg verschlafen, so dass jetzt nur noch der Tourismus, die Landwirtschaft und ein paar wenige internationale Unternehmen das Rückgrat der Volkswirtschaft bilden – und zu Zeiten der Krise ist das nicht viel. Überdies belastet die Immobilienkrise auch die Banken: Nach Angaben der spanischen Zentralbank schlummern in den Bilanzen der Institute ausfallgefährdete Kredite in Höhe von 180 Mrd. Euro.

Aufgrund der bisherigen Entwicklungen der Staatseinnahmen, den drastischen Ausgabekürzungen und der wirtschaftlichen Entwicklung hat Spanien in den ersten neun Monaten 2010 sein Haushaltsdefizit bereits um 42 % senken können. Im gleichen Zeitraum stiegen die Steuereinnahmen um 13,5 %. Das Haushaltsdefizit Spaniens war im vergangenen Jahr mit 11,1 % des BIP das drittgrößte der Eurozone – nur Griechenland und Irland hatten eine höhere Neuverschuldung.

Trotzdem ist dies kein Grund zur Entwarnung: Zwar fruchten die Konsolidierungsbemühungen Spaniens, allerdings macht das fehlende Wachstum alle Hoffnungen auf ein baldiges Ende der Krise zunichte. Allein die Bautätigkeit ist im September um ganze 37 % im Vergleich zum Vorjahr eingebrochen – denn Spanien kämpft ähnlich wie Irland mit den Folgen einer handfesten Immobilienkrise – so haben in den vergangenen zwei Jahren rund 2600 Immobilien- und Baufirmen Insolvenz angemeldet.

Daneben besteht eine große Gefahr der Ansteckung aus Portugal. Falls Portugal unter den Schutzschirm schlüpfen wird müssen – was von der Größenordnung selbst unproblematisch wäre – wird die Ansteckungsgefahr für Spanien als enorm groß eingestuft, denn Spanien hält ein Drittel aller Auslandschulden Portugals. Das sind schlechte Voraussetzungen für das Jahr 2011, wenn Spanien an den internationalen Finanzmärkten rund 200 Mrd. Euro Staatsschulden einsammeln muss, um sich zu finanzieren. Bei einer Rettung Portugals müsste Spanien sich nicht nur an den Transferzahlungen beteiligen, sondern der eigene Finanzsektor wäre plötzlich einem hohen Risiko ausgesetzt. Besorgt verfolgen deshalb die Spanier die Situation im Nachbarland. Jedes Wort wird momentan auf die Goldwaage gelegt.

Im November 2010 ist die sich gegenläufig zum Kurs entwickelnde Rendite zehnjähriger spanischer Anleihen rasant auf bis zu 4,6 % gestiegen. Sie lag damit annähernd so hoch wie auf dem bisherigen Höhepunkt der Euro-Krise im Mai. Sollte nun auch Spanien in den reißenden Strudel der Marktturbulenzen geraten, hätte dies fatale Folgen für die Stabilität der gesamten Währungsunion:

Denn wenn die Investoren ihr Vertrauen in Spanien verlieren, bekäme die Schuldenkrise eine völlig neue Dimension. Spanien ist die viertgrößte Volkswirtschaft der Euro-Zone und damit fast doppelt so groß wie Griechenland, Portugal und Irland zusammen. Das Land macht 12% der Wirtschaftsleistung des Euroraums aus. Dieses Wissen treibt die internationalen Investoren mit Sorge um. Zweifelsohne würde das Erbeten von Hilfen aus den Rettungsfonds diesen sehr stark strapazieren. Experten gehen davon aus, dass das Land 2011 kurz laufende Geldmarktpapiere und länger laufende Anleihen auf den Markt werfen muss. Es wird daher von einigen in Frage gestellt, ob die Summen, die Spanien im Ernstfall benötigen würde noch von dem Euro-Rettungsschirm gedeckt wären. Für mich ist ganz klar, dass eine Ausdehnung des Rettungsschirms sehr problematisch ist, aber im Zweifel kommen wird. Ich stimme dem Chef des Instituts der deutschen Wirtschaft Köln, Michael Hüther, zu: für den Fall, dass Portugal als nächstes fällt – und damit auch der Patient Spanien endgültig ins Koma fällt – muss ernsthaft darüber nachgedacht werden, ein Exempel in Form einer Umschuldung zu statuieren.[17] Es kann nicht sein, dass die Politik sich von den Finanzmärkten von einem Bail-Out zum nächsten treiben lässt.

Portugal

Die sozialistische Regierung unter José Sócrates arbeitet derzeit das ambitionierteste Sparprogramm seit der Nelkenrevolution 1974 aus – was Ende November 2010 die beiden portugiesischen Gewerkschaften CGTP und UGT auf den Plan rief, einen Generalstreik auszurufen, der das Land komplett lahm legte. Seit 22 Jahren hatten sich diese beiden Gewerkschaften nicht mehr für einen gemeinsamen Ausruf zum Streik zusammengefunden.

Die Einschnitte, die den Portugiesen bevorstehen, werden schmerzhaft sein – doch die Regierung hat keine anderen Spielräume mehr: Sie muss den internationalen Anlegern jetzt um jeden Preis den Willen zum Sparen demonstrieren. Nur so kann sie das Szenario, ernsthaft in Zahlungsschwierigkeiten zu geraten, abwenden.

Seit Mitte des Jahres demonstriert Portugal seinen Sparwillen, da es aufgrund der Bilanzfälschungen in Griechenland und der Bankenkrise in Irland immer stärker in den Fokus internationaler Anleger geriet.

Die Probleme Portugals sind nicht mit den Problemen von Irland und Griechenland vergleichbar, sondern gleichen vielmehr den Problemen Italiens oder gar Japans: Seit der Jahrtausendwende wächst die Wirtschaft nur schwach. Das Land ist gekennzeichnet durch eine anhaltend niedrige Produktivität, eine erodierte Wettbewerbsfähigkeit, steigende Arbeitslosigkeit und ein beträchtliches Außendefizit.

Genau diese Defizite sind es, die das Euroland in der Finanzkrise noch schwächer dastehen lassen – denn ein niedriges Wachstum muss nicht unbedingt die Zahlungsunfähigkeit nach sich ziehen, denn bisher hat Portugal seine Schulden gut im Griff gehabt. Was Portugal immer stärker in die Defensive bringt, sind die immer höheren Forderungen der Anleger – Ausgang offen.

Italien

Die Staatsverschuldung Italiens betrug im Jahre 2004 106,5 % des BIP. Auch in den Folgejahren stieg die Gesamtverschuldung des Landes kontinuierlich: So lag

17 Chef des Instituts der deutschen Wirtschaft Köln, Michael Hüther in der Tageszeitung „Die Welt“ vom 24.11.2010.

die Gesamtverschuldung im Jahre 2007 bei 103,5 % und stieg 2008 auf 105,8 %. Im Jahr 2009 betrug die Verschuldung mit 1757 Milliarden Euro bereits 114,6 % des BIP. Die italienische Staatsverschuldung bildet damit die zweithöchste Verschuldung im Euroraum nach Griechenland. Weniger als die Hälfte der italienischen Staatsschulden befinden sich im Ausland (42 %), während Griechenland 77 % seiner Schulden im Ausland hat.

Italien bildet innerhalb der Krisenländer jedoch einen Sonderfall, da das Land den Umgang mit hohen Schulden und einem geringen Wachstum gewohnt ist. Traditionell geht die italienische Wirtschaft relativ wenig Risiko ein – was infolge auch nur zu geringen Wachstumsraten führt. Zudem legte die Regierung Berlusconi im Mai 2010 ein Sparpaket zur Sanierung des Haushaltes in Höhe von 24 Milliarden Euro auf und profitiert nun davon, keine schuldenbasierten Konjunkturprogramme aufgelegt zu haben. Ende Mai 2010 wurde ein Sparpaket in Höhe von 24 Milliarden Euro beschlossen. Ziel ist es, das Defizit bis 2012 unter die Grenze von 3 % zu senken. Dieses Sparpaket ist jedoch an Steuererleichterungen gekoppelt, um die Produktivität zu steigern.

Für Italien spricht zudem, dass sich die Neuverschuldung in der Krise positiver entwickelt hat, als dies in anderen Euroländern der Fall gewesen ist – und das vor dem Hintergrund eines relativ stabilen Bankensektors, der auf einer überwiegend konservativen Kreditvergabepolitik fußt. Diese Kreditvergabepolitik hat auch zur Folge, dass die italienische Privatverschuldung auf einem geringen Niveau ist.

2. Vom deutschen zum französischen Euro ?

2.1 Der Euro: Ein Erfolgsprojekt mit Geburtsfehlern

Die Einführung des Euro war ein integrationspolitischer Meilenstein für Europa. Das Projekt einer gemeinsamen Währung vertiefte sowohl die wirtschaftliche als auch die politische Integration der europäischen Mitgliedstaaten.

Gerade für Deutschland war dieses Projekt untrennbar mit der Chance der Einbettung eines wiedervereinten Deutschlands in Europa verbunden und wurde von der damaligen deutschen Regierung federführend mit entworfen. Dabei handelte man nicht blauäugig, sondern behielt die harten Fakten sehr wohl im Auge.

Denn schon damals warnten Ökonomen, dass angesichts der wirtschaftlichen Heterogenität innerhalb der auf Mitgliederzuwachs angelegten Eurozone die Einführung einer gemeinsamen Währung unweigerlich zu Problemen führen werde. Es gab somit genug Stimmen, die sich für die Beibehaltung der D-Mark, die wohl wie nichts sonst mit der wirtschaftlichen Erfolgsgeschichte der Bundesrepublik nach 1945 verknüpft ist, aussprachen. Daher setzte sich die damalige Regierung Kohl-Genscher vehement für den Stabilitätspakt als Instrument fiskalischer Disziplin und die Errichtung der Europäischen Zentralbank nach dem Vorbild der deutschen Bundesbank zur Verfolgung einer entpolitisierten Geldpolitik ein. Trotz gemeinsamer Währung sollte das Schicksal der teilnehmenden Länder nicht dergestalt miteinander verknüpft werden, dass man für die finanz- und wirtschaftspolitischen Fehlentscheidungen einzelner unweigerlich einstehen müsse. Damit machte man sich nicht nur Freunde. So hatte Frankreich von jeher ein anderes Verständnis von Geldpolitik bzw. politischer Einflussnahme auf die Währungspolitik und wollte in diesem Sinne auch die europäische Geldpolitik instrumentalisieren. Der von Deutschland propagierte „Bundesbank-Geist“ wurde – wenn auch murrend – letztlich jedoch angesichts der wirtschaftlichen und politischen Bedeutung Deutschlands in der Europäischen Union dann doch akzeptiert.[18] Die Frage ist, wie viel wir davon in Zukunft bewahren können im Interesse eines stabilen Euros.

Heute kann man sagen: Der Euro hat sich bewährt. Diese Aussage scheint auf den ersten Blick zu verwundern angesichts der aktuellen Ereignisse. Der Euro ist eine globale Währungsreserve. Wenn man sich die letzten Jahre insgesamt anschaut, dann unterlag der Euro im Gegensatz zu anderen Währungen keinen gravierenden Währungsschwankungen, auch und gerade nicht während der Finanzkrise. Seine in jüngster Zeit erlittene moderate Abwertung resultierte mehr

18 Vgl. für die Entstehungsgeschichte des Euro ausführlich: Marsh, David, The Euro: The Politics of the New Global Currency, Yale 2010.

aus einer Vertrauenskrise der Märkte in die politische Führungsstärke Griechenlands und der Europäischen Union als in seine währungspolitische Garantie als solche. Ein sinkender Euro ist für die deutsche Exportwirtschaft zudem nicht von Schaden. Vor allem ist bisher auch allen Unkenrufen zum Trotz eine Inflation ausgeblieben. Der Euro ist also was seinen Innen- und Außenwert angeht stabil. Die Bürger müssen nicht mehr ihr Geld wechseln, wenn sie in das benachbarte Ausland fahren. Hauptprofiteur ist natürlich aber die Wirtschaft und damit auch die Arbeitnehmer. Bis zu seiner Einführung hatte die deutsche Industrie immer den Nachteil, dass die italienische oder französische Konkurrenz immer billiger wurde als deutsche Produkte trotz großer Produktivitätsschübe durch Abwertungen von Lira und Francs. Auch bei Dienstleistungen war dies der Fall. Der Boom des Tourismuslandes Mecklenburg-Vorpommern wäre ohne Euro undenkbar, wenn für deutsche Familien die Ferien in Italien eben doch wieder billiger wären. Nicht nur die jetzt im Vergleich teurere Tasse Espresso im Süden macht den Urlaub in Deutschland attraktiv.

Nichts desto trotz steht wieder mehr denn je die Frage im Raum: Wiegen die Nutzen des Euro für Deutschland seine Kosten auf? Dieselben Stimmen, die bereits 1989 vor der Aufgabe der D-Mark zugunsten einer gemeinsamen europäischen Währung gewarnt haben, melden sich nun – auch vor dem Bundesverfassungsgericht – wieder zu Wort. Sie stützen sich nicht zuletzt auf die von dem Nobelpreisträger Robert Mundell maßgeblich mitgeprägte Theorie von den optimalen Währungszonen, der auch als geistiger Vater der Währungsunion bezeichnet wird.[19] Nach diesem gibt es keinen Währungsraum, der nur Vorteile für ihre Mitglieder mit sich bringt. Unzweifelhaft profitiert Deutschland von dem Euro. Die Verhinderung eines unfairen Abwertungswettlaufs in Europa und der Wegfall von Transaktionskosten durch Einführung des Euro als gemeinsamer Währung hat gerade auch Deutschland als Exportnation gut getan. Ironischerweise profitiert Deutschland sogar noch von der gegenwärtigen Krise einzelner Länder, denn das Kapital, dass über Jahre in diese Boomländer abfloss, fließt jetzt wieder in den immer noch als „sicheren Hafen" gesehenen Wirtschaftsstandort Deutschland zurück. Auf der anderen Seite hat Deutschland mit der Hergabe der D-Mark aber auch einen entscheidenden Finanzierungsvorteil aufgegeben. Als Land mit der europaweit stabilsten Währung profitierte Deutschland von niedrigen Realzinsen, ein wichtiger Faktor für Deutschland als interessanten Investitionsstandort. Die Politik der Europäischen Zentralbank dagegen legt einen einheitlichen Refinanzierungszins an, unabhängig von der wirtschaftlichen Stärke, Inflationsrate und damit auch unabhängig der Bonität des jeweiligen Landes. Wenn zu dieser Belastung jetzt aber noch die dauerhafte Einzahlung in einen Länderfinanzausgleich

19 Mundell, Robert: A Theory of Optimum Currency Areas, The American Economic Review (S. 657-665), 1961, http://www.jstor.org/pss/1812792

auf europäischer Ebene sowie die Einführung eines gemeinschaftlichen Zinssatzes in Form von Euroanleihen hinzukommt, dann wird von vielen Kommentatoren – natürlich äußerst öffentlichkeitswirksam - erneut die Frage aufgeworfen werden, wie viel Deutschland der Euro kostet und ob diese Kosten den Gewinn durch die einheitliche Währung nicht sogar aufwiegen.

Die Natur der Krise: Zinsspreads lügen nicht

Wenn man sich die Zinsen für zehnjährige Staatsanleihen einiger Euroländer seit der Zeit vor der Einführung des Euro bis heute anschaut, dann bekommt man ein besseres Verständnis für die Natur der Krise. Die Graphiken zeigen deutlich, dass die Zinsen vor der Einführung des Euro stark divergierten, dann mit der Ankündigung des Euro konvergierten und nun in der aktuellen Finanzkrise wieder auseinanderdriften.[20] Vor der Einführung des Euro preisten Käufer von Staatsanleihen die Möglichkeit einer Abwertung der jeweiligen Währung ein. So lagen etwa im Jahre 1995 die spanischen, portugiesischen und italienischen Zinsen für zehnjährige Staatsanleihen im gewogenen Durchschnitt um genau 5% über dem deutschen Zins. Mit der Verabschiedung des Stabilitäts- und Wachstumspakts 1996 wurde eine Phase der Konvergenz eingeläutet: Die Einführung des Euro erschien in greifbare Nähe gerückt zu sein und mit ihm das Ende des Wechselkursrisikos. Die Zinsspreads der einzelnen Staaten glichen sich so immer mehr an – und wurden somit weitgehend unabhängig von der tatsächlichen Bonität des betreffenden Staates. Die Frage nach Bonität und Solvenz erhielt jedoch dann wieder umso mehr Gewicht als im Herbst des Jahres 2008 mit dem Fall von Lehman Brothers die Krise endgültig ins Rollen kam. Denn die Anleger mussten nun auf dem harten Weg lernen, dass der Euro eben auch nur eine Währung unter vielen ist und keine Kreditausfallversicherung. Er bot gerade keine Gewähr dafür, dass die versprochenen Zinsen auch tatsächlich von den Kreditnehmern gezahlt werden würden. Dies machte die Anleger nervös, die mit einem erhöhten Ausfallrisiko bei manchen Staatsanleihen rechnen mussten. Entsprechend drifteten die Zinsspreads auseinander. Die Hilfspakte für Griechenland und der Euro-Rettungsschirm konnten diesen Effekt nur kurzfristig begrenzen. Denn die Zusagen sind auf drei Jahre begrenzt, sichern somit also nicht vollständig das Interesse von Käufern von zehnjährigen Anleihen. Als diese Erkenntnis durchsickerte, gingen die Spreads nicht nur wieder hoch, ja sie stiegen an vielen Tagen sogar noch über das Niveau vom denkwürdigen Mai-Wochenende 2010. Betrachtete man sich die Graphen seit der Einführung des Euro, als der durchschnittliche Spread nur etwa 0,4 Punkte betragen hatte, war die Ausspreizung der Zinsen so enorm, dass dies von vielen

20 Siehe Abbildung 2 (Anhang).

als bedrohliche Krise empfunden wurde. Dieser gefühlten Bedrohungslage, mit der im Mai 2010 auch maßgeblich das Erfordernis der Rettungspakete begründet wurde, widersprechen jedoch namhafte Ökonomen, wie etwa der Präsident des ifo-Instituts Hans-Werner Sinn. Er empfiehlt den Blick weiterzurückzuwerfen, um wirklich die Relationen richtig einschätzen zu können.[21] Und in der Tat: Schaut man sich die Entwicklung längerfristig an, so stellt man fest, dass die Spreads selbst während der Krise zu keinem Zeitpunkt auch nur annähernd so groß wie im Jahr 1995, also vor den abschließenden Verhandlungen zur Euro-Einführung.[22]

Die politische Aushöhlung des Stabilitätspakts

Wenn von offizieller Seite immer wieder betont wird, dass die federführend von Deutschland in Form des Stabilität- und Wachstumspakts in den Boden geschlagenen finanz- und wirtschaftspolitischen Grundpfeiler des Euros erst in den letzten Jahren in bedenklicher Weise ins Wanken gerieten, so ist dies nur die halbe Wahrheit. Die unrühmliche ganze Wahrheit ist, dass der Stabilitätspakt von Anfang an nicht eingehalten wurde. Es ist jetzt einfach, auf die Mittelmeer-Staaten Griechenland, Spanien und Portugal zu zeigen und die Diskussion darüber anzufachen, ob diese überhaupt je in die Eurozone mit hätten aufgenommen werden dürfen. Der eigentliche Skandal ist jedoch, dass selbst EU-Gründungsmitglieder wie Belgien seit Einführung des Euro die selbst mit verabschiedeten Kriterien nie eingehalten haben. Mit anderen Worten: Ein Tiger kann nur dann zahnlos werden, wenn er überhaupt je Zähne hatte. Dies hatte der Stabilitätspakt von Anfang an nicht. Die grassierende Schuldenkrise in Europa hat vielmehr zu einem permanenten Verstoß vieler Länder gegen den Stabilitätspakt geführt.[23]

Bei der Erfüllung der Stabilitätskriterien und der Aufnahme neuer Mitglieder ging es mehr um politische Kriterien als um harte Fakten. Eine konsequente Währungspolitik wurde nicht erst bei der Aufnahme neuer Mitglieder nach Gründung der Eurozone, sondern beinahe von Anfang an schon für politische Kuhhandel aufgegeben. So hat etwa Belgien die Stabilitätskriterien von Anfang an nie erfüllt. Es aber als Gründungsmitglied der EWG außen vor zu lassen war politisch undenkbar. Dreiundsiebzig Mal hat die Neuverschuldung der Länder Europas die 3 %-Grenze des Stabilitäts- und Wachstumspakts überschritten. In 27 Fällen war dies nach der Rezessionsregel, wie sie ursprünglich im Pakt vorgesehen war, erlaubt. In den meisten Fällen hätten Strafen gezahlt werden müssen. Tatsächlich wurde aber wurde keine einzige Strafe verhängt. Gerade Deutschland hat sich bei

21 „Ein Krisenmechanismus für die Eurozone“, Sonderausgabe des ifo-Schnelldienstes vom 23.11.2010, S. 4 f. abrufbar unter http://www.cesifo-group.de/portal/page/portal/ifoHome.
22 Siehe hierzu Abbildung 2 (Anhang).
23 Vgl. hierzu Abbildung 3 (Anhang).

dieser fatalen Entwicklung nicht mit Ruhm bekleckert. Bei der Konzeption der Währungsunion noch im Führerhäuschen sitzend, hatte sich Deutschland mehr und mehr auf die Rückbank verabschiedet und wägte sich aufgrund seiner Exportstärke sicher und unberührt von den gärenden Problemen in anderen Mitgliedsländern der Eurozone. Höhe- oder besser gesagt Tiefpunkt stellte die Ablehnung des blauen Briefes der EU-Kommission durch Schröder und Chirac dar. - return to sender Ausgerechnet Deutschland, das wie kein anderes Land in der Europäischen Union nicht nur für politische Führungsstärke, sondern gerade auch für den „deutschen Geist" des Euro und damit dessen Stabilität stand, sagte sich damals unter der rot-grünen Bundesregierung faktisch von der Verbindlichkeit der selber aufgestellten Regeln los und solidarisierte sich mit einem Land, welches ohnehin nie an entpolitisierter Geldpolitik interessiert war. In zweifacher Hinsicht ein Vertrauensverlust in Deutschland, ein fatales Signal für die Glaubwürdigkeit des Stabilitätspakts und damit an die übrigen Mitglieder der Währungsunion. Dass ausgerechnet dann sowohl die SPD als auch Bündnis 90/Die Grünen der Bundesregierung in der Griechenlandkrise einen Mangel an Handlungsfähigkeit und europäische Solidarität vorwarfen, für sofortige Finanzhilfen ohne jegliche Bedingungen plädierten, dann aber im entscheidenden Moment den Pakten ihre Zustimmung verweigerten, zeugt nicht nur von fehlendem europapolitischen Sachverstand, sondern ist in der Zusammenschau mit der damaligen Aufweichung des Stabilitätspakts unter rotgrüner Federführung geradezu unverschämt.

Die aktuelle Krise des Euro ist in erster Linie eine Vertrauenskrise und damit hausgemacht. Sie ist gerade nicht das Resultat von spekulativen Kräften an den Märkten. Dass es solche gibt, die natürlich das Feuer zusätzlich angeheizt haben ist aber auch klar und hieraus müssen auch für die Zukunft die ordnungspolitischen Lehren gezogen werden. Aber Spekulanten legen doch letztlich nur den Finger in eine ohnehin bestehende Wunde, sie testen die Grenzen und damit die Verwundbarkeit des Systems aus. Es ist die Politik, die für ihr vorheriges Versagen, ihre Inkonsequenz bezüglich der Regeln, die sie sich selbst aufgestellt hat, nun die Rechnung präsentiert bekommen hat. Retrospektiv ist nun klar, dass es nicht gelungen ist, das erfolgreiche Modell Deutschlands zur Blaupause für den Euro zu verwenden. Die klassisch deutschen Positionen, wie das No-Bailout-Prinzip oder die politische Unabhängigkeit der Europäischen Zentralbank wurden Stück für Stück entweder formal rechtlich gebrochen oder in der Praxis umgangen. Deshalb muss diese Krise auch als der ultimative Weckruf und damit als Chance verstanden werden, das Ruder wieder in die Hand zu nehmen und den richtigen Kurs zu bestimmen – auch wenn dies mit schmerzhaften Erkenntnissen und Einschnitten einhergeht. Nie war das Bild von dem Boot, in dem man gemeinsam sitzt, so einprägsam und richtig wie bei der Rettung der europäischen Gemeinschaftswährung.[24]

2.2 Keinen Euro nach Athen tragen?

Die Frage, ob und wie man Griechenland helfen sollte, beschäftigte im vergangen Jahr die deutsche Öffentlichkeit und Politik wohl wie kein anderes Thema. Dabei wurde allzu schnell der Ton sehr emotional und auf beiden Seiten auch unsachlich. Die Frage nach der Reichweite europäischer Solidarität griff jedoch zu kurz. Letztlich ging es nämlich nicht um das selbstlose Helfen eines finanziell am Abgrund strauchelnden Staates. Vielmehr bestand die Gefahr eines zweifachen Flächenbrandes. Zum einen standen die europäischen Banken und Versicherungen, die sich teilweise stark in Griechenland engagiert hatten vor einer erneuten Finanzierungsmisere, so dass schon hinter verschlossener Tür das Schlagwort von „Lehman 2“ die Runde machte. Zum anderen lenkte die Misere Griechenlands natürlich aber auch das Augenmerk auf andere angeschlagene Euro-Staaten wie etwa Spanien und Portugal und gab damit den Spekulationen um die Stabilität des Währungsraumes und damit letztlich gegen den Euro als solchen neue Nahrung.

1 + 1 = 3 oder wie Griechenland den Euro bekam

Die Probleme Griechenlands bestehen nicht erst seit seinem Beitritt zur Eurozone und wurden auch nicht gelöst mit der solidarischen Hilfsaktion durch die anderen Euro-Mitglieder. Sie haben ihre Ursachen in einer über Jahrzehnte angelegten falschen Finanz- und Wirtschaftspolitik, die künstlich und ohne entsprechende finanzielle Deckung einen Lebensstandard und ein Konsumniveau schaffte. Die Aufnahme in die Währungsunion war hierfür wenn nicht sogar die Ursache, dann doch jedenfalls ein fataler Katalysator. Gerade für die sogenannten Weichwährungsländer wie Griechenland kam die Aufnahme in die Währungsunion aufgrund des einheitlich geringen Zinsniveaus einem kostenlosen Konjunkturprogramm gleich. Eine kaum zu widerstehende Versuchung, das oft beschworene Leben auf Pump, auf Kosten der kommenden Generationen zu führen. Dabei ist es zu einfach, das vielzitierte 14. Monatsgehalt als Aushängeschild dieser Politik zu benennen. Das System bzw. der Fehler im System ist viel komplexer und fußt auf vielen versäumten Reformen in unterschiedlichen Bereichen, vorrangig der Arbeits- und Sozialpolitik. Keine Regierung hatte den Mut, die Reißleine zu ziehen und das

24 Für die aktuellen Vorschläge der Kommission für ein Verfahren bei einem übermäßigen Ungleichgewicht und zu den Reformen bei der korrektiven Komponente des SWP: vgl. Abbildungen 4-6 (Anhang)

Land auf den dringend nötigen Sparkurs einzuschwören. Zu Recht kann und muss man dies kritisieren. Aber Griechenland hierfür an den Pranger zu stellen, wie dies in letzter Zeit häufig zu lesen und hören war – damit sollte man vorsichtig sein. Denn zum Einen hat man jahrelang auf europäischer Ebene die Augen davor verschlossen, wie stichhaltig die von Griechenland gelieferten Zahlen an Brüssel denn nun wirklich sind. Dass die Aufnahme von Griechenland in die Währungsunion rein politisch motiviert war und nicht das Ergebnis einer soliden griechischen Finanz- und Haushaltspolitik, die eine solche Aufnahme gerechtfertigt hätte, ist keine Erkenntnis von heute. Es ist seit langem allen Beteiligten bekannt, auch wenn der Schwarze Peter gerne herumgereicht wird. Im Nachhinein liest es sich wie ein schlechter Polit-Krimi, der nicht unbedingt dazu geeignet ist, das Vertrauen der Bevölkerung in die Politik wieder zurückzugewinnen.

Als im Mai 1998 die Staats-und Regierungschefs der EU zum Euro-Sondergipfel in Brüssel zusammenkamen, lag die Gesamtverschuldung, Inflation und Haushaltsdefizit Griechenlands weit über den vorgeschriebenen Werten. Griechenland bekam die „Wurst“ aber quasi vor die Nase gehängt: Innerhalb von 18 Monaten sollte Griechenland die Probleme bei der Inflation, Verschuldung und Defizit lösen – ein unmögliches Unterfangen, zumindest mit legalen Mitteln. Dies war der Anfang einer beispielslosen Fälschung von Daten und Statistiken. So mancher, der sich heute in den europäischen Hauptstädten hierüber besonders entrüstet zeigt, muss sich fragenlassen, ob er nicht hierzu mit dem politisch motivierten Versprechen einer Aufnahme in viel zu naher Zukunft zumindest mittelbar oder fahrlässig hierzu angestiftet haben. Auch in Brüssel schlief man – oder man stellte sich zumindest schlafend. Die griechischen Zahlen wurden ohne nennenswerte Überprüfung von der EU-Statistikbehörde Eurostat oder der Europäischen Kommission als sprichwörtliche bare Münze genommen und wurden zu offiziellen Zahlen. Offiziell sanken so also die griechische Staatsverschuldung, das Haushaltsdefizit und auch die Inflation. Überaus erfreut gratulierte man den Griechen zur Erfüllung der Kriterien im vorgegebenen Zeitplan. Der deutsche Außenminister Joschka Fischer lobte vor Ort in Athen die wirtschaftlichen Erfolge und Anstrengungen Griechenlands und betonte, dass das Land fähig sei, dem Euro beizutreten. Nicht nur von deutscher Seite wurde die Aufnahme Griechenlands forciert. Viele südeuropäische Staaten setzten sich vehement für die Aufnahme Griechenlands ein – wenn auch aus anderen Motiven: Man hatte schon damals genug vom deutschen „Stabilitätsdiktat“. Mit der Aufnahme eines weiteren Landes außerhalb der EWG-Gründungsländer (die Aufnahme Italiens ist nur in diesem Zusammenhang zu sehen) in die Eurozone trotz schwacher Wirtschaft hoffte man (aus heutiger Sicht geradezu prophetisch), dessen Anfang vom Ende einzuläuten. Denn dass selbst trotz der geschönten Zahlen, die Schuldenstandquote Griechenlands 1999 immer noch bei 104 % des BIP lag, wurde nur in den Fußnoten von Sprechzetteln erwähnt und nicht öffentlich ausgesprochen.

Die Europäische Kommission beugte sich (wohl besseren Wissens) letztlich dem von vielen Seiten kommendem Druck: Sie stimmte dem Beitritt Griechenlands zum Euro zu. Aber das schlechte Gewissen lastete schwer: So warnte sie bereist in ihrer Empfehlung im Jahr 2000, dass Griechenland „besondere Anstrengungen" unternehmen müsse, damit die erzielten Fortschritte „von Dauer" seien.

Die Warnung stieß allerdings auf taube Ohren – zumindest in der damaligen rotgrünen Regierungskoalition. Für die Opposition im Deutschen Bundestag waren die Warnungen der Europäischen Kommission dagegen Wasser auf ihre Mühlen. So betonte etwa der damalige europapolitische Sprecher der CDU/CSU-Fraktion, Peter Hintze, Griechenland dürfe erst dann aufgenommen werden, wenn Haushalt, Inflation und Verschuldung des Landes dauerhaft in Ordnung gebracht seien. Den sofortigen Beitritt Griechenlands zur Eurozone bezeichnete er als währungspolitisches Eigentor. Dass die damalige Bundesregierung Warnungen der Opposition in den Wind schoß ist die eine Sache. Aber als der damalige frisch abgewählte hessische Regierungschef und nunmehr Bundesfinanzminister Eichel - wie man heute weiß – von seinem eigenen Landeszentralbankchef gewarnt wurde, hätte man doch wirklich aufhorchen müssen. Dieser riet nämlich explizit dazu, die Aufnahme Griechenlands in die Eurozone um mindestens ein Jahr noch zu verschieben. Offenbar wollte man nicht zuhören und so wurde auch die Kritiker in den eigenen Reihen für das politische Ziel mundtot gemacht.

Für die Griechen war die Aufnahme in den Währungsraum zunächst ein konjunktureller Segen. Man profitierte von niedrigen Zinsen und gab sich – nicht zuletzt auch den schlechten Vorbildern wie Deutschland folgend – einer hemmungslosen Ausgabenpolitik hin. Der Euro ist aber eine wankelmütige Geliebte – insbesondere für Weichwährungsländer. Wirkt er anfangs als kostenlose Konjunkturspritze, bestraft er gnadenlos, wenn der Versuchung einer unsoliden Haushaltspolitik nachgegeben wird. Er verhindert eine entlastende Abwertung der nationalen Währung und macht damit den Staat zum Sklaven der Finanzmärkte. Dort aber wird die Euro-Mitgliedschaft nicht mit Kreditwürdigkeit gleichgesetzt. Einem alten Werbeslogan folgend bezahlt man dort immer noch mit seinem „guten Namen". Während Deutschland aufgrund seiner Wirtschaftsstärke trotz Verletzung der Maastricht-Kriterien sich immer noch zu fairen Zinsen mit frischem Geld versorgen konnte, stiegen die Zinsen für Griechenland immer mehr in die Höhe. Die durch die Mitgliedschaft in der Währungsunion fehlende Möglichkeit der Abwertung zementierte diese festgefahrene Situation und nahm Griechenland die Möglichkeit, sich wieder Luft zu verschaffen. Die Situation spitzte sich – auch getrieben durch spekulative Kräfte an den Finanzmärkten – weiter zu. Griechenland stand kurz vor der Zahlungsunfähigkeit. Die Stimmen mehrten sich, die für ein schnelles und gemeinsames europäisches Hilfspaket warben. Die christlichliberale Koalition musste den angerichteten Scherbenhaufen beseitigen.

Die von außen vielleicht als verspätet betrachtete Hilfszusage hat daher keinesfalls etwas mit mangelnder europäischer Solidarität zu tun. Deutschland war und ist solidarisch mit seinen europäischen Partnern. Allerdings ist Solidarität keine Einbahnstraße – und auch kein Freibrief. Sie hebelt nicht den Grundsatz der Eigenverantwortung aus.

Es wurde der Bundesregierung dennoch vorgeworfen, man würde mit dem Zuwarten den Spekulanten in die Hände spielen, die Kosten damit in die Höhe treiben und dadurch für Griechenland die Situation nur noch verschlimmern. In der Tat muss man rückblickend feststellen, dass durch das Zuwarten von Merkel die Kosten sich erhöht haben. Allerdings gab es nun mal eben keine Blaupause für eine solche Situation, keinen Plan in der Schublade. Man wurde kalt erwischt und musste erst eine Lösung erarbeiten. Dass diese nicht in einem Blankoscheck – wie er teilweise von Seiten der Opposition gefordert wurde – bestehen konnte, war aber genauso klar wie die Notwendigkeit, Griechenland zu helfen. Das Abwarten kann also unter diesem Aspekt durchaus gerechtfertigt werden.

Was man sich allerdings ankreiden lassen muss, ist, dass zu lange um den heißen Brei herumgeredet wurde. Die Zeitungen waren längst voll von Hiobsbotschaften, Ökonomen warnten vor dem drohenden Szenario schon seit Monaten, da wurde von offizieller Seite immer noch zu oft formal darauf beharrt, dass Griechenland (noch) nicht um finanzielle Hilfe angefragt hätte und damit die Debatte hierum nicht geführt werden müsse. Die Wochen im Frühjahr 2010 können mit den Worten zusammengefasst werden: Unterrichtung ja – Information nein. So gab es unzählige Treffen aller möglichen Gremien im Bundestag – schlauer war man danach eher selten. So waren insbesondere solche Sitzungen frustrierend, in denen man von offizieller (Regierungs-) Seite auf denselben Wissensstand gesetzt wurde, den man auch schon nach dem Lesen der Tageszeitung am Morgen hatte. Und dies auch und obwohl die Öffentlichkeit oft draußen bleiben musste. Da ballte manch einer schon mal die Faust in der Tasche, wenn versichert wurde, dass die Lage nicht so schlimm sei, dass Griechenland ja (noch) gar nicht um Hilfen angefragt habe und man sich daher mit solchen Fragen derzeit gar nicht beschäftigen müsse, die berühmten Spatzen es jedoch schon von der Reichstagkuppel pfiffen, dass die entsprechenden Pläne schon in den Schubladen lägen. So wurde lange mit Informationen hinter dem Berg gehalten und die Situation beschönigt. Als dann die Bombe platzte und Griechenland um Hilfen anfragte, da kam nicht nur Bewegung in die Sache, die Gangart wurde merklich schneller. Knapp und kurz wurde man über die Details der Regelung informiert und schon einmal auf den Termin der Abstimmung im Plenum hingewiesen. Sachliche Kritik an dem Ob und Wie der Hilfen für Griechenland wurde zwar entgegengenommen und auch oft inhaltlich geteilt – allein, die Zeit drängte, die Uhr tickte. Als man dann schweren Herzens die Abstimmung hinter sich gebracht und sich ins Wochenende verabschiedet hatte, vertraute man darauf, dass die Regierung die richtige Entscheidung getroffen und damit der ganzen Krise den Stecker gezogen hatte. Die Halbwertszeit dieser Hoffnung erwies sich als allzu kurz.

Dass die Opposition aber noch im Nachhinein einen Mangel an europäischer Solidarität der Bundesregierung vorwirft, ist pure Heuchelei. Denn als es darauf ankam, als nämlich im Deutschen Bundestag über die Hilfen für Griechenland und später dann den Euro-Rettungsschirm abgestimmt wurde, da votierte sie beide Male beinahe geschlossen mit „Nein". Von der europafeindlichen LINKEN hatte man nichts anderes erwartet. Diese ist erfahrungsgemäß gegen jede europäische Integration seit dem Warschauer Pakt. Dass aber ausgerechnet die SPD als die Partei, die sonst für europäische Solidarität wirbt, sich in einer der schwersten Stunde deutscher Europapolitik der Solidarität verweigert, dies hat eine tiefe Wunde in ihr Selbstverständnis geschlagen. Auch die Grünen, die bei der Griechenland-Abstimmung noch löblicherweise aus inhaltlichen Gründen mit der Regierung stimmten, fielen bei der Abstimmung über den Euro-Rettungsschirm um.

Grund hierfür war der Frust über ein verloren gegangenes machtpolitisches Spielchen. Die Opposition wollte nur dann dem Paket zustimmen, wenn die Bundesregierung sich zu bestimmten finanzmarktregulierenden Maßnahmen verpflichten würde. Daneben wollte man sich nicht auf den letzten Metern vor den Landtagswahlen in Nordrhein-Westfalen noch den Zorn der Basis zuziehen, denn die Zustimmung in der Bevölkerung für die Griechenlandhilfen ließ beinahe von Tag zu Tag mehr nach. Das ist also die Solidarität der Opposition: Sie nimmt Griechenland und andere finanziell angeschlagene Länder in Geiselhaft für ihr eigenes machtpolitisches Kalkül. Lediglich einige wenige, interessanterweise gerade Mitglieder des Europaausschusses, hatten das Konzept europäischer Solidarität nicht als Einbahnstraße begriffen und stellten ihre Prinzipien über innen- und machtpolitische Erwägungen.

So wurden kurioserweise am Ende beide Rettungspakete im Frühjahr 2010 mit den Stimmen von Union und FDP trotz dort vorhandener größter Bedenken gegen die Stimmen der Opposition angenommen, die schon länger die Einrichtung eines dauerhaften Hilfsfonds gefordert hatte. Eine Ironie der Geschichte.

Die 180-Grad-Kehrtwende – letztlich das Eingeständnis des berechnenden Verhaltens vom Frühjahr - kam dann auch übrigens bei der späteren Abstimmung über die Hilfen für Irland. Ausgenommen natürlich wieder die LINKE stimmte diesmal die Opposition für die Hilfen. Zu groß war wohl noch die Wunde aus dem Frühjahr, als dass man es noch einmal auf eine Machtprobe ankommen lassen wollte.

(Rettungs-)Schirm oder (Geld-)Pumpe?
Das Rettungspaket als Hilfe zur Selbsthilfe

Die Bundesregierung hat sich die Frage, Griechenland finanziell unter die Arme zu greifen, aus sachlichen Gründen sehr schwer gemacht. Denn massiv wurde von renommierten Juristen und Ökonomen die Zulässigkeit und nicht zuletzt auch die Sinnhaftigkeit einer Finanzhilfe in Frage gestellt. Mit gewichtigen und keineswegs von der Hand zu weisenden Gründen wurde bereits die rechtliche Zulässigkeit einer Finanzhilfe bezweifelt. Die „no-bail-out-Klausel" wurde zur meistzitierten Vorschrift während dieser Wochen. Fast noch beunruhigender waren die Zweifel von Ökonomen, wie viel Sinn eine Finanzspritze angesichts der massiven strukturellen Probleme Griechenlands überhaupt haben würde und nicht zuletzt, welche Signale hiervon für die Frage nach der Stabilität des Euro ausgehen würden. Nicht selten wurde im Nachgang des Rücktritts des Bundespräsidenten, immerhin ehemaliger Staatssekretär bei Waigel und späterer Direktor des IWF, spekuliert, ob für manchen diese innere Zerreisprobe zwischen dem politisch wohl Notwendigen, rechtlich und ökonomisch jedoch Katastrophalen nicht doch zu groß gewesen war, um hierunter seine Unterschrift zu setzen.

Wie viele meiner Fraktionskollegen hatte auch ich schwere Bedenken bei der Abstimmung zum Gesetz zur Griechenlandhilfe. Denn sowohl in europapolitischer, ökonomischer als auch juristischer Hinsicht mussten hier zahlreiche Schwierigkeiten bedacht und abgewogen werden. Auch wenn ich letztlich zur Überzeugung gelangt bin, dem Gesetzesentwurf zustimmen zu können und auch weiterhin zu dieser Entscheidung stehe, so habe ich dennoch meine Bedenken in einer schriftlichen Erklärung zum Abstimmungsverhalten niedergelegt. Denn insbesondere der No-Bail-out-Artikel hat mir Sorgen bereitet und stellte uns vor die Frage, ob das, was wir bei Griechenland unternehmen, nicht eben ein solcher bail-out war. Nicht nur das Maastricht-Urteil des Bundesverfassungsgerichts, sondern vor allem das europäisches Recht mit Art. 125 AEUV setzt finanziellen Hilfsmaßnahmen klare Grenzen. Was verfassungsrechtlich vielleicht noch möglich ist, ist europarechtlich jedoch in äußerstem Maße fragwürdig. Da diese Prüfung aber dem Europäischen Gerichtshof obliegt, kommt es bei einer entsprechenden Übereinstimmung zwischen den klageberechtigten politischen Entscheidungsträgern – also den Mitgliedstaaten und den europäischen Institutionen – zu keiner Prüfung dieser Frage. Wo kein Kläger, da kein Richter. Gerade aber weil die EU im Kern eine Rechtsgemeinschaft ist, halte ich diese Situation für äußerst bedenklich. Kein Wunder, dass die Bundesregierung sich nun für eine Vertragsänderung in Brüssel durchgesetzt hat, um genau dieses Problem zu beheben. Auch die Schwächung der Akzeptanz des Euros in der Bevölkerung trieb mich um. Nicht zuletzt galt es aber auch, die Befürchtung zu entkräften, dass Griechenland durch unsere Hilfe Vorbild für andere Staaten wird, die die Eigenverantwortung danach auch abgeben würden. Aber aus Gründen der europäischen Solidarität und vor allem um die Finanzmärkte und den deutschen Steuerzahler nicht unkalkulierbaren Risiken bei einer Pleite Griechenlands auszusetzen, habe ich dem Gesetz schließlich doch zugestimmt.

Die Frage, ob ein Staatsbankrott Griechenlands denn überhaupt so schlimm wäre, nämlich ob er negative Folgen für den Rest des Euro-Raumes haben würde, wurde aufgeworfen. Die Antwort ist: Man wusste es nicht. Es gab keine Regeln für eine solche - um es mal neutraler zu formulieren – Restrukturierung eines Gemeinschaftswährungsmitglieds. Wiederum letztlich ein Versagen der Politik, das nun nachgeholt werden muss. Damals konnte man nur spekulieren über die Folgen, was nicht wirklich weiterhalf und die Debatte um die Grenzen von europäischer Solidarität und damit die Spekulationen gegen den Euro nur noch weitere Nahrung gab. Aus der Nachschau muss man daher sagen, dass die Zulassung der Zahlungsunfähigkeit Griechenlands zum damaligen Zeitpunkt mit den zur Verfügung stehenden Regeln und Instrumentarien kein gangbarer Weg war.

Eines war jedenfalls aber auch klar: Mit Geld allein wäre Griechenland nicht geholfen gewesen. Denn bei genauerer Betrachtung der Situation Griechenlands war klar, dass mit einer einmaligen Finanzspritze dem – um in diesem Bild zu bleiben – Patienten nicht geholfen sein würde. Griechenland muss - um langfristig auf die Beine zu kommen - nicht nur einen konsequenten Sparkurs einschlagen, sondern darüber hinaus auch den beinahe über Jahrzehnte entstandenen Reformstau beheben. Eine Finanzspritze kann kurzfristig über Liquiditätsengpässe hinweghelfen, bietet aber darüber hinaus keine Hilfe zur Selbsthilfe. Es musste dort zu einem grundlegenden Kurswechsel kommen.

Während man sich also von der Oppositionsbank vorwerfen lassen musste, Griechenland sehenden Auges in den Abgrund zu treiben, liefen die Köpfe heiß, wie eine umfassende Lösung für Griechenland aussehen könnte. Auch innerhalb der Fraktionen gab es hierzu kontroverse Standpunkte. So ist es ja kein Geheimnis, das neben dem Europäischen Parlament sich auch der liberale Wirtschaftsminister Rainer Brüderle sehr früh für eine rein europäische Lösung unter dem Schlagwort eines „Europäischen Währungsfonds“ aussprach. Ich hingegen habe mich schon frühzeitig in den verschiedenen Gremien vehement für eine Lösung unter Einbeziehung des Internationalen Währungsfonds (IWF) ausgesprochen und war froh und erleichtert, als letztlich die Meinungsbildung innerhalb der FDP-Bundestagsfraktion zu demselben Ergebnis kam, und als dieses Modell dann auch noch – teilweise gegen den Widerstand des Koalitionspartners, insbesondere des Bundesfinanzministeriums – durchgesetzt werden konnte.

Die Beteiligung des IWF an der Lösung der europäischen Schuldenkrise war ein umstrittener, aber sachlich richtiger Ansatz. Zunächst natürlich aufgrund seiner unbestrittenen Fachkompetenz, mit der er schon anderen in finanzielle Seenot geratenen Staaten weltweit geholfen hatte. So hat gerade die Expertise des IWF

Griechenland dabei geholfen, wichtige Reformen auf den Weg zu bringen, die das Land zwar nicht kurz- oder mittelfristig ohne Unterstützung durch Dritte aus der Krise führen werden, aber doch langfristig stabile Grundlage einer neuen Haushalts- und Wirtschaftspolitik bilden.

Durch die Einbindung des IWF wird aber vor allem auch das sehr reale Risiko des politischen Teppichhandels in Brüssel bei einer „europäischen Lösung“ verhindert. Denn es war klar, dass die strenge Konditionalisierung der Finanzhilfen auch überwacht werden muss. Dass dies mit schmerzhaften Einschnitten für Griechenland verbunden sein und für einigen innen- und europapolitischen Zündstoff sorgen würde, war allen klar - auch wenn die gewalttätigen Ausschreitungen dann doch die Vorstellungskraft einiger überstiegen. Dass dies die Einstellung gegenüber der Idee eines politischen Europas nicht unbedingt nützen und damit den EU-Skeptikern in die Hände spielen würde war also absehbar. Mit der Einbindung des IWF in diesen Überwachungsmechanismus brachte man mehr Sachlichkeit in die ohnehin teilweise emotional aufgewühlte Situation.

Die Beteiligung des IWF bedeutet darüber hinaus vor allem de facto die Globalisierung der europäischen Schuldenkrise. Auch die USA und China sind so nun an der Sanierung der Staatsfinanzen der europäischen Schuldnerländer beteiligt! Gebetsmühlenartig wurde dieser Aspekt von der Opposition in der Diskussion über das für und wider einer Einbindung des IWF auf den Kopf gestellt. Es wurde ein Szenario herbeigeredet, in dem beide globalen Wirtschaftsmächte ihre eigenen Interessen in Europa mittels des IWF nun würden endlich durchsetzen können. Dass der Vorsitzende des IWF, Dominique Strauss-Kahn, Franzose ist (die ja prinzipiell eher nicht im Ruf stehen, sich nach den Weisungen aus Washington zu richten) und die Stimmrechte des IWF faktisch sogar die Europäer gegenüber den USA und China bevorteilen waren dagegen wohl zu trockene Fakten, um dem reißerischen Ton etwas entgegen zu setzen. So ging in Deutschland auch nahezu unter, dass der US-Senat mit 94:0 Stimmen beschlossen hat, dass amerikanische Hilfen an notleidende ausländische Staaten begrenzt werden sollen. Dahinter steht die Sorge, die USA könnten Geld verlieren, wenn sie Mittel für Rettungsaktionen wie im Falle Griechenlands bereitstellen. An den IWF-Hilfen für Athen in Höhe von rund 39 Mrd. Dollar ist Washington nämlich zu rund 17 % (etwa 6,5 Mrd. Dollar) beteiligt. Warum machten es sich die US-Senatoren im Gegensatz zu deutschen Volksvertretern so einfach, mag sich der Beobachter fragen. Ganz einfach: Länderkredite gelten beim IWF dann als genehmigt, wenn eine einfache Mehrheit im Direktorenrat dafür stimmt. Damit wäre ein Hilfspaket wie etwa an Griechenland auch dann gebilligt, wenn die USA dagegen votierten. Als Mitglied des Fonds müsste Washington sich trotz des Neins des eigenen Vertreters an den Hilfen beteiligen. Die Meinung des US-Finanzministers Timothy Geithner dazu ist vielsagend, wenn er davon spricht, dass die USA bei Finanzhilfen über den IWF „noch nie einen Penny verloren“ hätten.

Nicht nur Europa, auch alle Industrieländer haben kein Interesse an Staatsbankrotten wegen deren Ansteckungsfahren für die Weltwirtschaft. Die Einbeziehung des IWF sorgt nicht nur für die notwendige maximal mögliche Entpolitisierung des Prozess, sondern vor allem für die Globalisierung der europäischen Schuldenkrise. Die Beteiligung aller „global player" geschieht allerdings ebenso aus Eigeninteresse wie auch aus Solidarität und erhöht vor allem massiv den Druck auf das Schuldnerland, seine eigenen Anstrengungen zu maximieren. Daher kann man bei diesem Konstrukt vom währungspolitischen „Musketierprinzip" sprechen. „Einer für alle, alle für einen" heißt in diesem Fall: Alle Länder helfen bei systemischer Ansteckungsgefahr einem Land. Deswegen muss dieses Land alles tun, damit nicht alle in Gefahr geraten und auch nicht ihr geliehenes Geld verlieren. Es gibt also ein Stück Transferunion, aber eben keine Haftungsgemeinschaft wie bei einem EWF oder Euro-Anleihen. Auch wenn die strengen Bedingungen unbeliebt sind, ordnungspolitisch ist dies der richtige Ansatz um die Schuldenkrise einzudämmen und so den Euro zu stabilisieren. Das hat nichts mit einem - wie von Grünen-Chef Trittin kirtisierten „teutonischen Sparmonster" zu tun. Solidarität und Solidität müssen zwei Seiten einer Medaille sein.

2.3 Der Euro-Rettungsschirm: Panik oder Panikmache?

Gebetsmühlenartig wurde in der Griechenland-Debatte immer wiederholt, dass es sich bei den Finanzhilfen für Griechenland um die absolute Ausnahme handeln würde. Doch mit der Verabschiedung dieses Hilfspaktes wurde den Spekulationen gegen den Euro der Boden nicht entzogen. Manchmal kommt es aber nicht nur anders als man denkt, sondern auch noch schlimmer als befürchtet.

Die Abstimmungslisten vom 7. Mai 2010 hatten noch nicht jedes Büro erreicht, da wurden in Brüssel bereits Krisengespräche geführt. Rückblickend wird man sich an das Wochenende des 9. und 10. Mai 2010 nicht nur an den Zeitpunkt der NRW-Wahl erinnern, sondern an den Wendepunkt der Währungsunion – zum Guten oder zum Schlechten, das lässt sich leider heute noch nicht endgültig sagen.

Ungläubig verfolgte man als Parlamentarier, der nur schweren Herzens diesem dem Geist der Währungsunion eigentlich widersprechenden Hilfspaketes für Griechenland zugestimmt hatte, die Ereignisse. Es war der sprichwörtliche falsche Film, in dem man sich wieder fand. Da hatte man am Freitag seine Hand gehoben für ein riesiges Finanzpaket mit deutscher Beteiligung, bereitete sich innerlich schon auf die Schelte der Bürger im Wahlkreis vor – und dann das: Ein Wochenende in Brüssel stellte all dies in Frage und strafte die Versicherungen gegenüber uns und den Bürgern, dies sei ein einmaliger Einzelfall, Lügen. Die Stimmung war am Boden, um nicht gar von einer Götterdämmerung zu sprechen. Der Bürger auf der Straße wollte zurecht wissen, was das Ganze solle. Man habe doch versichert, dass da nichts mehr kommen würde und dass die Kuh vom Eis sei. Man hatte hierauf keine Antwort parat, und so schnappte man sich den erst halb ausgepackten Koffer und stieg in die erste Maschine nach Berlin. Die Zeit war (über-) reif für Sondersitzungen.

Dort erwartete einen jedoch nicht der Bundesfinanzminister. Nein, Bundesinnenminister Dr. de Maizière war es, der die FDP-Bundestagsfraktion über die Ereignisse des schicksalsreichen Wochenendes unterrichtete. Am Freitag Nachmittag habe es eine Schaltkonferenz der G7-Finanzminister gegeben, danach hätten sich die Staatschefs der Euroländer von EZB Präsident Jean-Claude Trichet unterrichten lassen. Am Sonntag dann sei die Bundeskanzlerin gemeinsam mit dem chinesischen Staatschef Hu Jintao, US-Präsident Barak Obama und dem russischen Präsidenten Medwedew zusammengekommen. Am Sonntag Nachmittag erst trafen sich dann die Fraktionsvorsitzenden. Als dann klar war, dass Bundesfinanzminister Schäuble krankheitsbedingt nicht an den Verhandlungen in Brüssel würde teilnehmen können, sollte eigentlich der ihn laut Geschäftsordnung der Bundesregierung vertretende Bundeswirtschaftsminister Brüderle ersetzen. Und als ob die Situation nicht schon schlimm genug gewesen wäre, kam nun auch noch das Pech hinzu - Murphy‘s Law. Denn dieser war gerade im Flugzeug und damit nicht erreichbar. Also musste der Bundesinnenminister nach Brüssel reisen, man kann schon fast sagen „sich in die Höhle des Löwen“ wagen. Dass dies angesichts der Tragweite der letztlich dort getroffenen Beschlüsse nicht gerade ein Vorteil für die deutschen Interessen bedeutete, ist so banal wie richtig.

Nicht zuletzt auch deswegen, weil dem Bundesinnenminister ein sozialdemokratischer Staatssekretär mit entsprechender Neigung zu einem ständigen Währungsfonds auf europäischer Ebene zur Seite stand. Staatssekretär Jörg Asmussen hat nach dem Wechsel von Steinbrück zu Schäuble seinen Posten behalten. Ein Sozialdemokrat an den entscheidenden Schalthebeln: Dass bereitet vielen Koalitionsabgeordneten Kopfschmerzen. Bei ihm läuft alles zusammen. Von der Finanzkrise zur Bankenrettung bis hin zur Griechenland-Hilfe: Hochrangige Beamte im Bundesfinanzministerium und Kanzleramt sowie Journalisten gaben zu erkennen, dass Asmussen aufgrund seines Verständnisses für die komplexen Frage der Finanzmärkte eine erhebliche, wenn nicht gar die entscheidende Rolle hinter den Kulissen spielt und auch der Bundesfinanzminister auf seinen Rat hört. Er ist also die berühmte graue Eminenz in der Wilhelmstraße. Aus den Reihen von Union und FDP bemängeln viele ein mangelndes ordnungspolitisches Profil bei Asmussen, der trotz aller Unabhängigkeit von der SPD eher dem Markt als dem Staat misstraut. In jedem Fall arbeitet Asmussen sachkundig, loyal und verschwiegen. So verschwiegen, dass er im Europaausschuss den Abgeordneten vor wichtigen Sitzungen in Brüssel entweder wenig zur deutschen Strategie sagte oder das Gegenteil dessen, was nachher rauskommt.

Wohl mancher hat sich gefragt, inwieweit all diese Umstände Einfluss auf die gefundene Lösung hatten.

Die Sitzung der Eurofinanzminister am 9. Mai 2010 habe - wie der Bundesinnenminister mitteilte - unter einem erheblichen Zeitdruck stattgefunden, da das Hilfspaket noch bis Montag morgen um 2:00 Uhr und damit vor der Öffnung der Börse in Tokio beschlossen sein hätte müssen. In der Tat hatte sich die Situation auf den Finanzplätzen am Freitag – als das Hilfspaket für Griechenland gerade den Bundesrat passierte – bereits so entwickelt, dass beinahe nur noch deutsche Anleihen unproblematisch gehandelt werden konnten. Ob die Situation jedoch so kritisch war, um die hierdurch offensichtlich bei der EZB und ihrem Präsidenten Trichet ausbrechende Panik zu rechtfertigen lässt sich schwer sagen. Die Aussage vom Präsidenten der deutschen Bundesanstalt für Finanzdienstleistungsaufsicht Sanio in einer späteren Anhörung durch den Haushaltsausschuss, dass er am Montag nicht mehr hätte aufwachen wollen, wären die Beschlüsse nicht getroffen worden, wurde dann aber doch von vielen als etwas zu melodramatisch eingestuft.[25] Man war auf Informationen aus zweiter Hand angewiesen, gar das Schlagwort der „French Connection“ war mancherorts zu hören. Nicht wenige hatten den Eindruck, dass es Frankreich, dessen Staatsanleihen in der Vergangenheit immer öfter wie Blei in den Regalen der Finanzplätze lagen, die Entwicklung und das geschwächte deutsche Verhandlungspersonal gar nicht so ungelegen kam und schon einigermaßen vorbereitet und mit konkreten Vorstellungen über die zu treffenden Maßnahmen im Gepäck in Brüssel anreiste. Auch wenn man dies als Verschwörungstheorie abtun möchte, sieht man sich die getroffenen Beschlüsse an, so ist doch auffällig, dass das von Deutschland durchgesetzte und von Frankreich im Grunde immer abgelehnte Primat der entpolitisierten Geldpolitik an diesem Wochenende fiel. Der Ankauf von Staatsanleihen durch die Europäische Zentralbank etwa war für Deutschland zu Recht ein Tabu. Und so kann man nicht umhin, doch etwas sprachlos dazustehen, wenn gerade einmal eine Woche nach der Krisensitzung in Brüssel der damalige französische Staatssekretär für Europa Pierre Lellouche seine Zufriedenheit darüber erklärte, dass der Vertrag politisch gebrochen werden konnte bzw. eine politische Entscheidung nicht verhindern konnte.[26] Als kleines Trostpflaster bleibt, dass Deutschland zumindest ein noch schlimmeres Szenario abwenden konnte. So wollte die Europäische Kommission die Gunst der Stunde nutzen und endlich ihren langhegten Traum wahrmachen selbst am Kapitalmarkt Darlehen für finanzschwache Staaten aufzunehmen, die wiederum mit Bürgschaften der Mitgliedsstaaten abgesichert werden sollten. Transferunion in Reinform also. Dieses Horrorszenario konnte Gott sei Dank verhindert werden.

25 Deutscher Bundestag, Vorkehrungen zum Schutz des Euro auf dem Prüfstand, 2010, http://www.bundestag.de/dokumente/textarchiv/2010/29788333_kw20_haushalt/index.html
26 Zeit Online, Frankreichs Europaminister hält Euro-Rettung für Vertragsbruch, 28.05.2010

Nichtsdestotrotz bleibt fraglich, ob all die getroffenen Entscheidungen, die von Deutschland gemachten Zugeständnisse reversibel sind oder ob nicht doch letztlich die an diesem Wochenende gefassten Beschlüsse eine langfristige Weichenstellung für die Geldpolitik im Euroraum bedeuten, die nicht mehr mit den Vorstellungen Deutschlands vereinbar sind.

Die Abstimmung im Bundestag über den dann sogenannten „Euro-Rettungsschirm" war für fast alle Abgeordneten insbesondere der Koalition mit die bisher schwierigste Entscheidung der Legislaturperiode. Es gab bereits berechtigte Zweifel an der rechtlichen Zulässigkeit und ökonomischen Sinnhaftigkeit der Griechenlandhilfen. Wer aus diesen Gründen damals nicht zustimmen konnte, der sah sich – nur wenige Tage später – mit einer noch schwereren Gewissensentscheidung konfrontiert. Gerade aus liberaler Sicht war das in dem der Währungsunion zugrundeliegenden Stabilitätspakt verankerte Prinzip der Eigenverantwortung durch die Beschlüsse wenn nicht ad absurdum geführt, dann jedenfalls schwer beschädigt worden. Fakt war jedoch auch – und diesen konnte und wollte man nicht ignorieren - , dass die Talfahrt des Euro ein beängstigendes Tempo bekommen hatte und die hiermit verbundene Gefahr eines europäischen Flächenbrands durch das Hilfspaket für Griechenland nicht abgewendet werden konnte. Zu sehr wurde bereits durch die dortige Krise das Augenmerk auf andere schwächelnde Mitglieder der Eurozone gelenkt. Es handelte sich somit nicht nur mehr allein um eine Frage der europapolitischen Verantwortung oder Solidarität, sondern auch das Einstehen der eigenen Bürger für eine stabile Währung. Ausgestattet mit strengen Regeln, unter Einbindung von EU-Mitteln und des IWF wurde daher der ausdrücklich auf drei Jahre zeitlich befristete Hilfsfonds beschlossen. Diese Entscheidung war schmerzhaft, aber erwies sich im Rückblick als notwendig und richtig, um die Talfahrt des Euro zu stoppen und wieder Vertrauen in die politische Führung zurückzugewinnen. Ohne diese schwierige Entscheidung hätte es mit Sicherheit keinen Aufschwung im Sommer 2010 gegeben, eher jedoch eine schwere Rezession oder wahrscheinlicher eine zweite Wirtschaftskrise.

Mittel- und langfristig wird die Stabilität des Euro durch diesen Beschluss jedoch geschwächt, wenn es auch künftig keine harten Regeln für einen harten Euro geben wird. Die Akzeptanz des Euro und der europäischen Integration in der Bevölkerung wurde durch diesen Beschluss nicht gefördert, insbesondere wenn es trotz aller Bemühungen und Beteuerungen dazu kommen sollte, dass Griechenland die Kredite nicht zurückzahlen kann. Klar ist für mich: Wenn Schulden geteilt werden, sinkt die Eigenverantwortung. Ein Bail Out oder gar ein wie auch immer gearteter „permanenter Krisenlösungsmechanismus" ohne strikte Konditionalisierung und weitgehende Entpolitisierung führen meiner Überzeugung nach zu weniger fiskalischer Disziplin und damit zu einer Schwächung unserer gemeinsamen Währung, die für Deutschland und Europa von großer Bedeutung und Nutzen war und ist.

3. Fällt der Euro, fällt dann Europa ?

Die Krise hat gezeigt: Der Euro ist nicht nur ein Symbol für die zunehmende wirtschaftliche und politische Einigung Europas. Er ist in erster Linie eine Währung und damit anfällig für Spekulationen und Kursschwankungen. Als Gemeinschaftswährung ist er darüber hinaus betroffen von wirtschaftlichen Ungleichgewichten innerhalb seines Geltungsbereichs, von innenpolitischen Fehlentscheidungen und Krisen. Er kann sogar im schlimmsten Fall zum Katalysator werden, um solche Krisen nicht nur geographisch in andere Teile Europas überschwappen zu lassen, sondern darüber hinaus auch den Prozess der europäischen Integration als solchen in Frage zu stellen – Wasser auf den Mühlen derjenigen, die nicht müde werden, das Rad der Geschichte zurückdrehen zu wollen. Nicht zuletzt deshalb darf der Euro nicht aufgegeben werden. Auf dem Parteitag der CDU am 15. November 2010 sagte Bundeskanzlerin Angela Merkel »Scheitert der Euro, dann scheitert Europa.« Dies ist politisch der wohl notwendige Ton, auch wenn die Aussage natürlich so übertrieben ist. Es gab auch ein Europa vor dem Euro. Die Politik muss aber den Bürgern besser als bisher klar machen, dass ein Scheitern des Euros ein schwerer Schlag für die Europäische Union, für Europas Platz in einer zunehmend nichteuropäischen Welt und für die deutsche Wirtschaft wäre.

Aber es ist auch klar, dass es nicht so weiter geht wie bisher. Will man die Idee der europäischen Einigung weiterhin gegen ihre Kritiker verteidigen, dann muss an Glaubwürdigkeit wieder zurückgewonnen, Tabus gebrochen und neue Wege beschritten werden.

3.1 Stabilitätspakt 2.0 - die Zukunft der Währungsunion

Der Euro: Eine starke Währung für wenige oder eine schwache Währung für viele?

Das wohl größte Tabu im Rahmen der Währungsunion ist die in ihr angelegte Zielvorstellung, dass alle EU-Mitgliedstaaten an ihr teilnehmen sollen, also dass der Euro das einheitliche Zahlungsmittel im gesamten EU-Gebiet sein soll. Dabei will ich mich in keinem Fall der laufenden Scheindebatte um die Aufteilung des Euro in eine nördliche und südliche Währungszone anschließen. Dies ist wirtschaftlich falsch und rechtlich nicht möglich. Die Befürworter einer solchen Entscheidung verkennen vor allem aber auch deren politische Dimension. Die Idee, Frankreich könnte in einer anderen Eurozone als Deutschland sein, würde das Ende der deutsch-französischen Beziehungen bedeuten und damit den Kern der politischen Integration Europas sprengen. Aber dass die Verträge die EU-Mitgliedsstaaten im Grundsatz verpflichten den Euro einzuführen sobald sie die Stabilitätskriterien erfüllt haben, muss einmal kritisch hinterfragt werden. Dass diese bei der Aufnahme neuer Mitglieder in die Währungsunion oft nicht oder nicht nachhaltig eingehalten wurden, war den meisten schon lange bekannt. Die zur Schau getragene Entrüstung bei dem Auffliegen der gefälschten Zahlen von Griechenland oder auch Bulgarien konnte man nicht wirklich ernst nehmen. Die Vision einer einheitlichen Währung in Europa vor Augen verschloss man zu oft. Dass dieses Ziel nicht unbedingt den Wünschen einiger Mitgliedstaaten entspricht, konnte man bereits an Beispielen wie Großbritannien oder Schweden sehen, die sich bewusst gegen den Euro als Währung entschieden. Dabei geht es mir nicht darum, die Uhr zurückzudrehen. Aber dass nun genauer hingeschaut wird von der Europäischen Kommission bzw. im konkreten Fall Eurostat, ist lange überfällig und hat auch schon entsprechende Wirkung gezeigt. So zog Bulgarien seinen Antrag auf Aufnahme etwas beschämt zurück aus Angst, man könne doch die ein oder anderen Unstimmigkeiten in den Berechnungen entdecken. In Zukunft muss aufgrund der gemachten Erfahrungen noch schärfer hingeschaut werden, wen man sich da mit ins Boot holt.

So müsste vor der Aufnahme in die Eurozone ein längeres Monitoringverfahren durchgeführt werden, das sicherstellt, dass die Kandidaten nicht nur kurzfristig unter die Latte des Stabilitätspakts passen, sondern auch langfristig stabil genug sind, um mit den Folgen eines einheitlichen Kapitalraumes auch umgehen zu können. Es kann nicht sein, dass sich die Kandidaten zu Tode sparen oder tricksen um Kriterien zu erfüllen und nach dem Beitritt in sich zusammenfallen. Die Erfüllung der Stabilitätskriterien muss vielmehr das Ergebnis einer nachhaltig ausgerichteten Politik sein.

Die Euro-Einführung in Estland zeigt, dass der Euro weiterhin attraktiv und noch lange kein Auslaufmodell ist. Estland hat am 01.01.2011 als 17. Land den Euro eingeführt. Als im Juni 2010 zunächst die Finanzminister der EU, dann der Europäische Rat hierfür grünes Licht gaben, betonte Wirtschafts- und Währungskommissar Olli Rehn, dass die Entscheidung aufgrund „objektiver Kriterien“ getroffen worden sei. Nicht nur im Zusammenhang mit den gerade aufgedeckten Tricksereien im Zusammenhang mit der Aufnahme Griechenlands, sondern auch aus anderen Gründen musste dies wohl noch einmal extra betont werden. Denn die Europäische Zentralbank hatte erst einige Wochen zuvor Bedenken bezüglich der Aufnahme Estlands in den Euroraum angemeldet. Diese war nicht sicher, dass der baltische Staat das Inflationskriterium des Vertrags von Maastricht langfristig einhalten kann. In vielen Berichten wird dieses Kriterium vernachlässigt. Manchen ist es schon gar nicht bekannt. Es gibt aber nicht nur die Kriterien des Haushaltsdefizits und des Schuldenstands. Es gibt ein drittes. Danach darf die Inflationsrate maximal 1,5 % über derjenigen der drei preisstabilsten Mitgliedsländer liegen. Formal erfüllte Estland auch dieses Kriterium. Seine Inflation lag zuletzt durchschnittlich bei minus 0,7 %. Allerdings gab die EZB zu bedenken, dass Estland eine Phase der Rezession durchlaufen habe und es als höchst unsicher gelte, ob dieses Kriterium mittel- oder gar langfristig unter anderen wirtschaftlichen Vorzeichen erfüllt werden kann. Estland hat seit vielen Jahren ein Inflationsproblem. Die Trendrate in den vergangenen Jahren liegt bei 3,5 % bis 4 % und damit deutlich über der Zielrate der EZB von nahe, aber unter, 2 %. Schade, dass die Warnungen der EZB so leicht in den Wind geschlagen wurden. Hoffentlich wird sich dies nicht noch einmal rächen. Denn die offizielle Philosophie der europäischen Politik, dass die Aufnahme kleiner Länder wie Estland keine großen Auswirkungen auf den Euro hat, dürfte wohl nach den Erfahrungen dieses Jahres als Legende gelten.

Warum hat man eigentlich in der EZB Experten sitzen, wenn ihre Meinung letztlich gar nicht oder nur in geringem Maße in solch wichtige Entscheidungen einfließen? Der EZB muss in Zukunft eine größere Rolle bei der Erstellung der Empfehlungen für die Aufnahme eines Landes in die Währungsunion zukommen. Für den Fall, dass sie die Einschätzung der Kommission nicht teilt, sollte sie die Möglichkeit bekommen, eine abweichende Stellungnahme zu veröffentlichen. Nur das kann den entsprechenden Druck auf die Europäische Kommission aufbauen, genauer hinzuschauen und sich zu rechtfertigen, warum sie die Faktenlage anders beurteilt. Vielleicht hat die Kommission sich aber auch über die Bedenken der EZB hinweggesetzt, weil sie ein politisches Signal brauchte. Der Euro ist nicht tot! Er ist immer noch eine attraktive Währung für viele Staaten! Fast schon rührend erscheint es da, dass das Vorhaben Estlands die Krone umtauschen zu wollen, angesichts der Euro-Krise ausdrücklich als Vertrauensbeweis begrüßt wird. Estland gibt dieses Kompliment jedoch nicht gerade gentleman-like zurück: So relativierte Estlands Finanzminister Jürgen Ligi die Einführung des Euros als Vertrauensbeweis in dessen Stabilität, indem er darauf hinwies, dass man ja ohnehin die Probleme in der Eurozone zu spüren bekomme, unabhängig davon, ob man dazugehöre oder nicht. Also sei es doch besser, dabei zu sein und auch in den Genuss der Vorteile zu kommen, was natürlich eine bedenkliche Argumentation ist. Und in der Tat sehen Experten[27] die Vorteile des Beitritts für Estland weniger im wirtschaftlichen als im politischen Bereich, nämlich in den inneren Kern der EU aufgenommen zu werden und so auch nicht zuletzt selbstbewusster gegenüber Russland auftreten zu können.

Ist diese Entwicklung eine Absage an das politische Projekt Europa als solches oder trägt sie nicht vielmehr den wirtschafts- und währungspolitischen Fakten

27 So etwa Manfred Neumann, emeritierter Professor des Instituts für Internationale Wirtschaftspolitik der Uni Bonn, in einem Interview mit dem Tagesspiegel vom 08.06.2010

und Zusammenhängen Rechnung? Ist es überhaupt erstrebenswert, die Eurozone stückweise auf das gesamte Gebiet der EU auszudehnen? Letztere umfasst mittlerweile 27 Mitgliedstaaten, Tendenz steigend. Bei Einführung des Euro waren es noch 15 Staaten. Angesichts der nun offen zutage tretenden Probleme, die zum großen Teil durch die wirtschaftliche Heterogenität der Eurozone verursacht werden, muss also offen gefragt werden können, wie viele Mitglieder der Euro überhaupt verträgt. Seine Destabilisierung aufgrund einer politischen Idee oder vielmehr einem Ideal kann jedenfalls nicht Ziel einer vernünftigen Europapolitik sein. Egal wie die unter dem Schlagwort Europäische Wirtschaftsregierung nun ins Spiel gebrachte geplante engere wirtschaftliche Koordinierung in der Eurozone am Ende aussehen wird, sie wird auf lange Sicht nicht in der Lage sein, dieses Grunddilemma aufzulösen. Der Euro wird dieser Zerreißprobe auf Dauer nicht Stand halten können.

Realistisch gesehen gibt es somit zwei Alternativen. Entweder man verabschiedet sich von der Vision einer einheitlichen Währung für die gesamte EU oder man gibt der EU so weitreichende Kompetenzen über die Finanz-, Haushalts- und Wirtschaftspolitik der Mitgliedstaaten, dass die Entwicklung hin zum europäischen Bundesstaat endgültig eingeläutet wird.

Letztere Alternative ist auf längere Zeit gesehen eher unrealistisch, da vielfach auf Führungsebene der Mitgliedsstaaten nicht erwünscht. Der Ruf nach mehr Europa ist selbst jetzt in der Krise nicht bedingungslos was die damit verbundene Aufgabe von eigenen Kompetenzen angeht.

Das alternative Eingeständnis, dass der Euro wohl nie die einheitliche Währung Europas werden kann, mag für viele bitter sein – aber es ist nicht das Ende der Europäischen Union. Als Wirtschaftsgemeinschaft gegründet hat diese sich zur politischen und Rechtsgemeinschaft über die Jahrzehnte weiterentwickelt. Aber ist dieses einzigartige Projekt wirklich untrennbar mit einer gemeinsamen Währung verbunden? Letztlich wurde diese Idee doch schon faktisch aufgegeben, als man Großbritannien den opt out zugestand. Die Idee eines politisch geeinten Europas hat hierdurch nicht erkennbar gelitten. Als im Zuge der Osterweiterungsrunden der politische Wille zu weitergehenden europäischen Integration nicht mehr bei allen Mitgliedsstaaten vorhanden war, wurde offen über das „Europe à deux vitesses", also dem Europa der zwei Geschwindigkeiten gesprochen. Politische Integration wurde zurecht unter dem Blickwinkel des Machbaren diskutiert und betrieben.
Für den wirtschaftlichen Wettbewerb Europas auf dem Weltmarkt mag der Euro eine wichtige Rolle spielen, letztlich aber wird auch dort auf die Wettbewerbsfähigkeit der einzelnen Länder geschaut. Dies gilt insbesondere für die Vielzahl der Mitgliedstaaten, die keine ausgewiesenen Exportnationen sind.

Stellt man aber politische Visionen über ökonomischen Sachverstand und opfert man den Euro einer ideologischen Idee, dann würde dies in der Tat sowohl politisch als auch wirtschaftlich ein mittleres Erdbeben auslösen, das sowohl den

Integrationsprozesses Europas um Jahre zurückwerfen als auch dessen Position auf dem Weltmarkt schwächen würde. Dem Wunsch der Bevölkerung nach Wohlstand und stabilen Geld könnte nicht mehr entsprochen werden. Es scheint also in der Gesamtbetrachtung die bessere Lösung zu sein, den Euro als die stabile Währung einiger Staaten als die schwache Währung der gesamten EU zu haben.

Quantensprung statt kosmetische Korrekturen: Harte Regeln für einen harten Euro

Alle nun zu treffenden Maßnahmen müssen daher alleine ein Ziel haben: Einen stabilen Euro. Es kann jetzt nicht mehr um ideologische Wunschvorstellungen gehen, die allen (fachkompetenten) Unkenrufen zum Trotz durchgesetzt werden sollen. Und es kann nicht mehr darum gehen, auf alte nationale Besitzstände zu pochen. Will man eine starke Gemeinschaftswährung, dann ist es unumgänglich, der EU mehr Kompetenzen zuzugestehen. Es darf hier nicht nur bei Lippenbekenntnissen bleiben, die in der Krise leicht fallen, aber in fünf Jahren, wenn sich (hoffentlich) die Lage erholt hat, auch genauso schnell wieder vergessen sind. Der Euro steht an einem Scheideweg: Trifft man die richtigen Entscheidungen, dann kann das Ruder noch herumgerissen werden. Es gilt jetzt eigene Versäumnisse aufzuarbeiten. Aber auch wenn angesichts der gemachten Nahtoderfahrung jetzt große Ankündigungen und reuige Bekundungen der Mitgliedstaaten gemacht werden, endlich dem Stabilitätspakt ein ernst zu nehmendes Gesicht zu geben. Wie wird es in fünf oder zehn Jahren aussehen? Wird man sich dann noch an seinen Worten in der Krise messen lassen oder wieder zum business as usual zurückkehren? Die Erfahrung lehrt: Eher letzteres.

Das politische Geschäft, insbesondere in Brüssel ist durch Kompromiss, andere nennen es Kuhhandel geprägt. Dies wird so bleiben. Es muss besorgen, wenn bereits jetzt – noch inmitten der Krise –manche der neuen Mitgliedstaaten eine bevorzugte Behandlung bei den Berechnungsmethoden des Stabilitätspakts zur Feststellung von Defiziten fordern oder schon gar deren festgelegten Werte selbst in Frage stellen. Wenn man an dieser Schraube in einer solchen Situation drehen will, was kommt dann erst auf uns zu, wenn die Krise (hoffentlich) abgeklungen ist? Die Maastricht-Kriterien müssen weiterhin der für alle Mitglieder der Eurozone geltende Maßstab bleiben und dürfen nicht aufgeweicht werden. Wenn sich ein Mitglied diesem Druck nicht mehr gewachsen fühlt, dann muss es hieraus die Konsequenz ziehen und nicht die EU in Form von Rabatten. Aber ein Blick auf die Zahlen schürt die Vermutung, dass der Druck auf die Staaten, mehr auszugeben als man einnimmt, bleiben und langfristig eher sogar noch zunehmen wird.[28] Ihr

28 Vgl. Abbildungen 5 und 6 (Anhang).

Kapitalbedarf für die kommenden Jahre wird jetzt schon als immens eingestuft. Deshalb werden solche Diskussion auch nicht verstummen.

Was kann dann aber nur die grundlegende Weichenstellung sein? Die Mitgliedstaaten müssen sich vor sich selbst schützen und dies kann nur gelingen, wenn mehr Kompetenzen nach Brüssel, in persona an die Europäische Kommission abgegeben werden. Gerade in Zeiten der aufgrund der Krise umgreifenden Europaskepsis muss die Devise lauten: Mehr Europa und nicht weniger. Denn auch wenn die Europäische Kommission zugegebenermaßen teilweise die Warnzeichen der Krise verschlafen hat, waren es letztlich die Mitgliedstaaten, die im Rat sich ein ums andere Mal einen Freibrief für ihr verantwortungsloses Handeln ausgestellt haben. Letztlich hat sich diesem politischen Druck auch die Europäische Kommission gebeugt und dabei keine gute Figur abgegeben. Sie muss wieder selbstbewusster ihrer Rolle als Hüterin der Verträge gerecht werden. Ein Europäisches Semester ist ein erster guter Schritt in die richtige Richtung. Aber mit freundlichen unverbindlichen Empfehlungen aus Brüssel kommen wir kein entscheidendes Stück weiter. Ohne der Europäischen Kommission eine Blankovollmacht ausstellen zu wollen: Letztlich muss sie es sein, die über die Einhaltung des Stabilitätspakts in Zukunft wacht. Dieser muss endlich vom Kopf auf die Füße gestellt werden. Seine politische Manipulierbarkeit hat wie ein Brandbeschleuniger für die Krise gewirkt. Das Sanktionsregime des Stabilitätspakts besteht aus vier Stufen: Der Feststellung eines übermäßigen Defizits, der Überprüfung der vom angemahnten Staat ergriffenen Gegenmaßnahmen nach 6 Monaten, der Inverzugsetzung und schließlich der Finanzsanktionen. Soweit die Theorie. Die Zahlen der Praxis[29] sprechen eine andere Sprache: Seit Bestehen der Eurozone wurde 22 Mal ein Verfahren eröffnet, vier Mal wurde festgestellt, dass keine wirksamen Gegenmaßnahmen ergriffen wurden, zwei Mal wurde ein Staat in Verzug gesetzt – und kein einziges Mal, kein einziges Mal wurden Sanktionen beschlossen. Denn alle Entscheidungen waren mit qualifizierter Mehrheit im Rat zu fällen. Da stimmten also Sünder über Sünder ab, die Täter gegen den Stabilitätspakt waren gleichzeitig dessen Wächter – eine absurde Situation.

Deshalb muss eine langfristige Lösung der Krise eine möglichst weitgehende Entpolitisierung des Stabilitätspakts als Kernstück enthalten. Der präventive Arm des Stabilitätspakts muss nicht nur früher greifen, er muss auch weitgehend automatisch ausgelöst werden. Wenn ein Staat bestimmte Referenzwerte überschreitet, dann darf es nicht mehr primär in der Hand der Mitgliedstaaten liegen, ob ein Verfahren bzw. bestimmte Sanktionen ausgelöst werden. Wie glaubwürdig ist ein Kriterium, wenn sein Bruch keine Konsequenz auslöst? Die Europäische Kommission hat hierzu vernünftige Vorschläge vorgelegt, die ausnahmsweise einmal ihr grundsätzliches Interesse an einem Machtzuwachs mit auch in der Sache vernünf-

29 Siehe hierzu die Abbildung 7 (Anhang).

tigen Regelungen verknüpft. Danach bliebe das letzte Entscheidungsrecht beim Rat, aber in Form eines Vetos und nicht in Form einer Initiativentscheidung. Dies ist nicht nur ein technisches Detail. Es würde den politischen Druck auf die Mitgliedstaaten fundamental erhöhen. Denn diese müssten sich rechtfertigen, warum trotz Verstoßes es zu keinen Sanktionen kommen sollte. Dieser erhöhte Begründungsaufwand dürfte dem ein oder anderen durchaus schwer fallen – nicht zuletzt auch gegenüber der eigenen Bevölkerung. Deutschland hatte sich für eine starke Automatisierung des Verfahrens in Brüssel stark gemacht. Lange wurde diese Forderung gegen den massiven Widerstand vieler Mitgliedstaaten aufrechterhalten. In der Außendarstellung schien einmal mehr Frankreich der Hauptgegner. In Wahrheit aber – wie vom Bundesfinanzminister in einer Sitzung des Europaausschusses rückblickend bestätigt wurde – waren die meisten Mitgliedstaaten, einschließlich des Vereinigten Königreichs, strikt gegen eine Automatisierung des Verfahrens. Aus Imagegründen – nach dem Motto „Wasser predigen und Wein trinken" - entschied man sich jedoch hinter dem großen Mitgliedstaat Frankreich zu verstecken, der ohnehin schon lange dafür bekannt war, die Regeln des Stabilitätspakt nicht als das letzte Wort zu betrachten – denn ist der Ruf erst ruiniert....

Deutschland hat lange dem Druck widerstanden. Auch vom Bundesfinanzministerium wurde ein mehrseitiges Papier ausgearbeitet, dass die Befürchtungen der anderen Mitgliedstaaten dämpfen sollte. Haarklein wurde ein Vorschlag präsentiert, der basierend auf den Vorschlägen von Kommissar Rehn die Notwendigkeit einer stärkeren Entpolitisierung des Verfahrens mit dem Grundsatz der nationalen Souveränität der Mitgliedstaaten versuchte in Einklang zu bringen. Es war ein vernünftiger Vorschlag. Entsprechend hoffnungsvoll war man, dass er sich durchsetzen lassen würde, als man in den Berichten der van Rompuy-Gruppe lesen konnte, dass das von Deutschland eingebrachte Papier die Diskussion um automatische Sanktionen „entscheidend prägen" konnte. Umso unverständlicher war, dass nur wenige Tage nach der entsprechenden Sitzung der Gruppe ohne Rücksprache mit dem Auswärtigen Amt und dem Bundesfinanzministerium diese Forderung in Deauville von Bundeskanzlerin Merkel aufgegeben wurde für die unsinnige Forderung nach einem Stimmrechtsentzug im Rat, der schon verhandlungstaktisch kein Gegengewicht darstellte und darüber hinaus sowohl rechtlich als auch politisch eine Nebelkerze ist. Niemand kann ernsthaft glauben, dass die Mehrheit der latent von einer solchen Maßnahme bedrohten Mitgliedsländer jemals für den Fall notorischer Defizitverletzungen selbst prophylaktisch ihrer europolitischen Selbstentmündigung zustimmt. Und dass nicht zuletzt das eigene Bundesverfassungsgericht nach seinem Lissabon-Urteil, in dem es ja explizit die Grenzen der Übertragung nationaler Souveränität dargelegt hat, die Unterwerfung Deutschlands unter eine solche Regelung abgenickt hätte, ist kaum vorstellbar. Entsprechend hört man dieser Tage hiervon nur noch wenig. Ohne seinen starken Fürsprecher aber wurde der sinnvolle Ansatz eines Automatismus im Folgenden entsprechend bis zur Unkenntlichkeit verwässert. Aus einem wirklichen Automatismus, der seinen Namen auch verdient, wurde nach den Verhandlungen der van Rompuy-task force erst ein „Quasi-Automatismus“, nach Deauville, dann kaum mehr als ein „Quasi-quasi-Automatismus“.[30] Mit quasi-quasi-Entscheidungen wird man aber nicht langfristig das Ruder herumreißen können. Hierüber ist das letzte Wort noch nicht gesprochen. Das Europäische Parlament wird die Europäische Kommission in Ihren Vorschlägen, die der einzig gangbare Weg der Entpolitisierung der Sanktionsmechanismen sind, unterstützen und sein Mitspracherecht in der haushalts- und wirtschaftspolitischen Überwachung voll ausüben. Gut so!

Anlass zur Sorge gibt dieser Tage auch die Rolle der Europäischen Zentralbank. Ursprünglich nach dem Vorbild der deutschen Bundesbank als Wächter einer entpolitisierten Geldpolitik errichtet, kauft sie heute Staatsanleihen auf und nimmt damit ihre Eigentümer für die Staatenrettung in Haftung. Die Staatsverschuldung gefährdet so auch die Unabhängigkeit der EZB, die notgedrungen den Mitgliedstaaten helfen musste. Als EZB-Präsident Trichet mitten in der Krise verkündete, nicht platzierbare Staatsanleihen ohne jede Auflage an die abgebenden Staaten aufzukaufen, konterkarierte er ein gutes Stück weit die Bemühungen der Europäischen Kommission, Zahlungen nur gegen Auflagen zu gewähren und machte sich damit zum Objekt partikulärer Interessen von Defizitstaaten und von Banken, die deren Anleihen halten. Faktisch bedeutete dies die Preisgabe des Grundsatzes der Unabhängigkeit. An den Käufen der EZB in Höhe von 63 Mrd. Euro ist Deutschland mit einer Haftung in Höhe seines EZB-Kapitalanteils in Höhe von 28 % beteiligt, denn wenn die aufgekauften Papiere nicht bedient werden, entstehen Abschreibungsverluste der EZB, die zu einer Minderung der Gewinnausschüttungen an die Finanzminister der Euroländer führen bzw. eine Kapitalerhöhung verlangen.[31]

Der Erwerb der Staatspapiere war keine geldpolitische Maßnahme im eigentlichen Sinne, denn wie die EZB selbst immer wieder betont, sterilisiert sie die Wirkungen auf die Geldmenge durch Liquidität absorbierende Geschäfte. Da die EZB beim Erwerb der Staatspapiere sogar ihre zuvor verkündeten Bonitätskriterien für Wertpapierpensionsgeschäfte aufgab, betreibt sie heute zwar nicht rechtlich, aber doch faktisch eine Politik, die den europäischen Verträgen widerspricht. Denn nach Art. 123 (1) AEUV darf die EZB den Staaten keine direkten Kredite geben und auch nicht direkt aus ihrer Hand Staatspapiere erwerben. Diese Vorschrift wirkt auf den Laien wie eine Generalklausel, die den Missbrauch in Form einer Finanzierung des Staatsbudgets durch die Notenpresse ausschließt. Käufe auf dem Sekundärmarkt schließt diese Klausel hingegen nicht aus. Dass Griechen-

30 Vgl. hierzu Abbildung 8 (Anhang).
31 Zu den Anteilen der EZB am derzeitigen Krisenmechanismus vgl. Abbildung 9 (Anhang).

land seine Staatsanleihen auf dem Umweg über seine Banken an die Zentralbank verkauft hat, war somit erlaubt, weil es nicht verboten war. Die Entscheidung war damit zwar rechtlich vertretbar, sie war aber ordnungspolitisch katastrophal und vor noch einem Jahr völlig unvorstellbar – zumindest aus deutscher Sicht, in manchen Nachbarländern war man da schon länger anderer Ansicht. Wenn es bei der Überprüfung der gemeinsamen Währungspolitik auch darum geht, manche bisherigen Tabus zur Disposition zu stellen – die Unabhängigkeit der EZB muss ein Tabu bleiben. Denn eine politisch gesteuerte Geldpolitik würde eine notwendige Entpolitisierung der Überwachung des Stabilitätspakts sowie einen zukünftigen Krisenmechanismus völlig konterkarrieren. Die Unabhängigkeit der EZB dient aber auch vor allem dem Ziel der Preisstabilität. Preisstabilität ist die Voraussetzung für das reibungslose Funktionieren der Marktwirtschaft, für nachhaltiges Wirtschaftswachstum und hohe Beschäftigung; sie erhält zugleich den Wert von Renten, Löhnen und Versorgungsbezügen.

Im Zuge der Arbeiten an einem Krisenmechanismus, der die Beteiligung der privaten Gläubiger an der Zahlungskrise eines Mitgliedslandes zum Ziel hat, ist deshalb auch der Auftrag der EZB zu konkretisieren. Prof. Werner Sinn, Präsident des ifo-Instituts, hat hierzu eine Änderung der Verträge vorgeschlagen.[32] Artikel 123 (1) AEUV müsste so ergänzt werden, dass die EZB in Zukunft nur zu geldpolitischen Zwecken auf dem Sekundärmarkt Staatspapiere erwerben darf. Zwar können solche Käufe in bestimmten Situationen geboten sein, um eine allgemeine Deflation im Euroraum zu bekämpfen, doch sollte die EZB dabei nicht von ihren Bonitätskriterien Abstand nehmen und nicht versuchen, Staatshaushalte zu sichern.

Die EZB muss sich ganz grundsätzlich wieder mehr an den bewährten Prinzipien der Bundesbank orientieren. Ihre Unabhängigkeit muss dabei der Leitmaßstab sein. Diese Unabhängigkeit kann nur dann dauerhaft gesichert werden, wenn es gelingt, die Staatsverschuldung zu begrenzen. Denn bei hoher Staatsverschuldung wird es immer aufs Neue massiven Druck für eine Lockerung der Geldpolitik seitens der Politik auf die Notenbank geben. So wird aber eine stabilitätsorientierte Geldpolitik in Gefahr geraten. Und auch die Gefahr der Inflation könnte wieder verstärkt auftreten.

Der Weg aus der bestehenden geldpolitischen Zwickmühle, in der sich die EZB befindet, darf aber nicht darin bestehen, dass nun der Rettungsschirm in die Lage versetzt wird, Staatsanleihen an- bzw. zurückzukaufen. Dadurch würde man buchstäblich vom Regen in die Traufe kommen. Eine Vergemeinschaftung von Schulden und damit der Schritt in die Haftungsgemeinschaft wäre damit faktisch

32 „Ein Krisenmechanismus für die Eurozone“, Sonderausgabe des ifo-Schnelldienstes vom 23.11.2010, S. 15 ff

vollzogen. Die Bundesregierung muss daher in Brüssel alles dafür tun, Schuldenankaufprogramme zu verhindern.

Staatliche Insolvenz: Chance statt Bedrohung

Es war immer höchst fraglich, inwieweit finanzielle Hilfspakte dem Trend der Verschuldung von Staaten überhaupt entgegenwirken und Staaten aus der Schuldenfalle befreien können. Die zunehmende Aussprache für ein staatliches Insolvenzverfahren auf europäischer Ebene ist letztlich Ausdruck der Anerkennung dieser (bitteren) Realität. Gerade für den Fall Griechenland verdeutlicht ein Blick auf die Zahlen, dass das Hilfspaket nur ein Tropfen auf den heißen Stein sein kann.[33]

Griechenland signalisiert entgegen anderslautenden Gerüchten, alle Hilfskredite pünktlich zurückzahlen zu können. Die bittere Wahrheit scheint jedoch zu sein: Griechenland wird in drei Jahren, also nach Auslaufen des Rettungsschirms nicht wieder kapitalmarktfähig sein – diese Erkenntnis beginnt langsam auch bei denen, die diesen Diskurs zu lange gescheut haben, durchzusickern. Dies mag damit zu tun haben, dass die Vorstellung, man lasse ein Land im Stich, man lasse es gegen die Wand fahren, abgelöst wurde durch das Verständnis, dass man – im Gegenteil – dem Land eine neue Chance gibt. Wörter wie „Pleite" und „Bankrott" sind emotional belastet, sie passen nicht, werden der Situation nicht gerecht. Es ist eher wie eine Art „Reset-Button", den man drückt, um dem Land einen Neustart zu ermöglichen. Ein staatliches Insolvenzverfahren ist somit nicht der Anfang vom Ende - erst recht nicht der Anfang vom Ende der europäischen Solidarität. Es ist vielmehr gerade Ausdruck einer solchen Solidarität, nämlich Mittel, einem Land wieder auf die Beine zu helfen, damit es aus eigener Kraft wieder stehen kann. Und es ist keineswegs Neuland. Im Rahmen des IWF ist das Verfahren einer staatlichen Umschuldung schon lange Usus und hat nicht wenigen Ländern - wie etwa Argentinien und Ungarn - eine neue Chance gegeben. Es gibt also bereits eine Art Blaupause, an der man sich orientieren könnte bei der Ausgestaltung. Man muss nicht ohne Not das Rad neu erfinden und dabei im schlimmsten Fall sogar Fehler machen.

Nicht geklärt ist die Frage, ob es ein auf die Staaten der Eurozone zugeschnittenes Umschuldungsverfahren braucht. Eigentlich könnten die vorhandenen Foren wie Pariser Club, Londoner Club oder eventuell neu zu schaffende Foren für Verhandlungen nutzen. Ein formalisiertes Insolvenzverfahren strukturiert die Erwartungen der Gläubiger, die sich darauf verlassen können, dass die Insolvenz ordentlich abläuft und kein anderer Gläubiger bevorzugt behandelt wird. Niedrige

33 Vgl. Abbildungen 10 und 11 (Anhang).

Transaktionskosten helfen, zu einer politischen Entscheidung zu Gunsten einer Umschuldung und gegen ein multilaterales Rettungsprogramm zu kommen.

Banken: Verlierer oder Profiteure der Krise?

Die finanzpolitische Instabilität bzw. eine bevorstehende Zahlungsunfähigkeit kann einen nicht unerheblichen spill over auf die Währungsgemeinschaft als solche haben. Das Paradebeispiel hierfür „durften" wir dieses Jahr erleben. Daher wird man letztlich nicht darum herumkommen, insolventen Staaten, die ein Umschuldungsverfahren durchlaufen, überbrückungsweise finanziell unter die Arme zu greifen. Wenn von einem „permanenten Krisenmechanismus" spricht, dann ist letztlich das gemeint: Die Institutionalisierung des bailouts.

Bei den aktuellen Überlegungen über eine Änderung der Verträge wird dies bereits berücksichtigt. So soll die Ausnahmevorschrift der no-bailout-Klausel, Art. 122 Absatz 2 AEUV ergänzt werden. Künftig soll dann Staaten geholfen werden können, wenn deren finanzielle Misere Auswirkungen auf die Währungsgemeinschaft insgesamt und somit auf den Euro als solchen hat. Das schon jetzt in Fachkreisen berühmte Kriterium der „Systemrelevanz". Wann aber ist ein Staat systemrelevant? Hätte irgendjemand vor der Krise Griechenland als einen für die Währungsunion „systemrelevanten" Staat bezeichnet? Was ist im Vergleich mit Spanien? Spanien hat etwa die Hälfte der griechischen Verschuldung, sein Bruttosozialprodukt beträgt das dreifache. Es ist somit in jedem Fall systemrelevanter als Griechenland. Nichtsdestotrotz macht es gerade einmal 0,3% des Weltkapitalstocks aus. Wie kann also ein Land wie Griechenland systemrelevant für den Währungsraum sein? Die Antwort lautet letztlich: Jedes Euro-Mitglied ist systemrelevant – nicht im volkswirtschaftlichen, aber im finanzwirtschaftlichen Sinne.

Die Aussage von einem drohenden „Lehman 2"-Szenario für den Fall, dass man Griechenland nicht helfen würde, ist der Schlüssel zu der eigentlichen Problematik: Die europäische bzw. globale Verflechtung der Finanzwirtschaft. Einer der ersten, die ein Ticket nach Athen kauften, war Herr Ackermann von der Deutschen Bank. Sowohl deutsche, aber auch vor allem französische Banken hatten in ihren Portfolios nicht unbeträchtliche Mengen griechischer Staatsanleihen. Ein Konkurs Griechenlands ohne staatliche bzw. europäische Intervention hätte einen neuen Flächenbrand in der europäischen Bankenwelt ausgelöst.

Kaum ein Wirtschaftszweig wurde durch die Finanzkrise so geschüttelt wie die Bankenwirtschaft. Denn Geld ist der Rohstoff, von dem deren Überleben abhängt. Als Haupteigentümer von Staatspapieren strauchelnder Staaten haben deshalb vor allem die Banken in der grassierenden Staatsschuldenkrise Vermögensverluste erlitten und müssen diese Verluste gewinnschmälernd in der Jahresbilanz 2010 ausweisen, wenn sich die Kurse nicht wieder normalisieren und die Anleihen im

Handelsbuch gehalten wurden. Allerdings waren nicht gleichermaßen Banken aus ganz Europa betroffen, hier gab es doch wesentlich Unterschiede im Grade der Betroffenheit. So macht etwa ein Blick auf die Zahlen klar, warum gerade Frankreich so interessiert an einem Rettungssystem war.[34] Frankreichs Bankensystem war aufgrund seines vergleichsweise geringen Engagements in strukturierten Wertpapieren amerikanischer Provenienz weitgehend ungeschoren durch die erste Welle der Finanzkrise gekommen. Während die deutschen Banken bis zum 1. Februar 2010 fast ein Viertel (23,9 %) ihres Eigenkapitals durch Abschreibungen auf Finanzprodukte verloren hatten, lag der Verlust der französischen Banken nur bei einem Zehntel (10,5 %). Mit den Abschreibungen auf die griechischen, irischen, portugiesischen und spanischen Staatspapiere war und ist nun aber das französische Bankensystem offenkundig wesentlich stärker belastet als das deutsche. Das französische Bankensystem hielt vor den Rettungsaktionen einen um 55 % größeren Bestand an diesen Staatspapieren als Deutschland. Gemessen am jeweiligen BIP war Frankreich etwa doppelt so stark (195 %) exponiert wie Deutschland.

Zur ganzen Wahrheit gehört aber auch, dass nicht von wenigen bezweifelt wird, ob diesen Verlusten auf die Papiere der südlichen Länder nicht auch so erhebliche Gewinne, wie etwa bei den deutschen und französischen Staatspapieren gegenüberstanden, die letztlich zwar nicht zu einem Nullsaldo geführt, jedoch aber jedenfalls einen Gutteil der Verluste der Banken ausgeglichen haben. Ob somit tatsächlich eine Gefährdung der Banken vorlag oder nur der Wunsch bestand, die Gewinne mitzunehmen und die Verluste zu sozialisieren, diese Frage bleibt bis heute – gewollt oder ungewollt – unbeantwortet. Ein noch größeres Tabu scheint es zu sein, in der gegenwärtigen Krise gar den Grundstein für erhebliche zukünftige Gewinne einiger Anlegerbanken zu sehen. Wer nämlich jetzt in Krisenzeiten die abgewerteten Staatsanleihen zu einem niedrigen Kurs gekauft hat, würde bei einer unveränderten Neuauflage der Rettungspakete und einer entsprechenden Vollabsicherung seiner Anlagen erhebliche Vermögensgewinne erzielen. Im Fall Griechenlands würden die Gewinne der Anleger bei einer zeitlichen Ausdehnung der Rettungspakete bis zu 50 % des Einsatzes ausmachen. Dies wäre nicht nur moralisch höchst fragwürdig, es würde auch die Intention der Rettungspakete, die Stabilisierung der Märkte, ad absurdum führen. Denn ein solcher Gewinnsprung würde letztlich auch zu einer massiven Destabilisierung führen – nämlich einer Destabilisierung nach oben, die nicht in jedem Fall ungefährlicher sein muss als eine nach unten wie sie in der Krise erlebt wurde.

Warum aber ist es für Banken so lohnenswert, in ihren Portfolios Anleihen von bekanntermaßen hochverschuldeten Staaten zu halten? Warum waren beispielsweise französische Banken überdurchschnittlich in Griechenland engagiert? Und zwar in einem solchen Maße, dass Frankreich während der Griechenland-Krise

34 Siehe Abbildung 4 (Anhang).

geradezu eine Kernschmelze seines Bankensektors befürchten musste? Die Antwort ist so banal wie absurd: Weil es ein Spiel ohne Risiko ist.

Für jeden Kredit, den eine Bank einem mittelständischen Unternehmen gibt, muss sie mit einem bestimmten Anteil von Eigenkapital haften. Dieser Anteil bestimmt sich nach dem eingegangenen Risiko, also der Wahrscheinlichkeit, dass das Unternehmen später in der Lage sein wird, den Kredit plus der angefallenen Zinsen zurückzahlen zu können. Dies erfordert eine umfassende Prüfung der Unterlagen und der Rentabilität der Aktion. Mit anderen Worten: Es macht Mühe und bringt letztlich nicht viel ein, solange es sich nicht um einen richtig „dicken Fisch" handelt.

Anders sieht es dagegen aus bei dem Ankauf von Staatsanleihen. Dabei handelt es sich quasi um das „Schwarze Loch" der Eigenkapitaldeckungspflicht – es existiert nämlich keine, zumindest keine für Anleihen von Euro-Mitgliedern. Eine absurde Situation: Während nach der bestehenden Rechtslage eine gewisse Eigenkapitaldeckungspflicht für Anleihen von Nicht-Euro-Mitgliedern besteht, gibt es ausgerechnet explizite Ausnahmen für Anleihen, die von Mitgliedern der Eurozone ausgegeben werden. Banken können damit noch und nöcher Anleihen von Euro-Mitgliedern aufkaufen, die bereits finanziell am Boden liegen – eine Risikoanalyse findet nicht statt. Denn letztlich sind es nicht die Banken, die sich an den Insolvenzkosten beteiligen müssen, es sind die Steuerzahler selber. Perfiderweise kommt hinzu, dass der Staat, der eigentlich das Vermögen der Steuerzahler schützen soll, zu diesem Kasinospiel noch ermuntert. Banken werden nach eigener Aussage oft aus politischen Opportunitätsgründen stark ermutigt bzw. massiv dazu aufgefordert, Staatsanleihen zu kaufen. Es ist also nicht nur falsch, sondern zudem auch mehr als heuchlerisch, wenn die Politik den Banken und den Spekulanten den Schwarzen Peter zuschiebt. Die Banken lassen sich aber auch nicht lange bitten. Für sie ist es ein Kasinobesuch ohne Nebenwirkungen – zumindest solange das System funktioniert. Daher haben nicht ohne Grund einige Banken und deren Heimatstaaten während der Griechenland-Krise mit Ungeduld nach Berlin geschaut. Die dortige Diskussion nicht nur nach dem Wie, sondern schon überhaupt nach dem Ob von finanziellen Hilfen für Griechenland hat für nicht wenig Nervosität gesorgt. Der Verdacht, dass man sich im Mai 2010 genau aus diesem Grund zu einer Art Überfallmanöver entschloss, indem man Deutschland vor vollendete Tatsachen, vor eine überbordende Drohkulisse stellte, ist in diesem Zusammenhang nicht ganz von der Hand zu weisen.

Die neue Ordnung der Märkte ist der Schlüssel, um künftige Krisen zu verhindern. Eine bessere Regulierung und mehr Transparenz sind hilfreich, entscheidend ist aber, die Systemrelevanz von Staaten und Banken zu vermindern. Dies geht nur, indem Banken gezwungen werden ihre Portfolios zu diversifizieren und mehr Eigenkapital zu bilden. Ideal wäre es, die Eigenkapitalquote bei Staatspapieren abhängig von der Staatsschuldenquote des betreffenden Landes zu machen. Daran haben aber die Staaten kein Interesse. Der positive Nebeneffekt von geänderten Anreizen in der Bankenregulierung ist, dass der Mittelstand und die „Realwirtschaft“ bessere Kredite bekamen und es weniger „Kasino“ gibt.

Welche Lehren müssen aber aus dieser absurden Rechtslage gezogen werden? Was bleibt dann noch von dem bailout-Verbot übrig, wenn hier nicht entgegengesteuert wird? Auch wenn die meisten europäischen Staaten sich mehr oder minder intensiv und nachhaltig nun um eine Schuldenkonsolidierung bemühen – man zäumt das Pferd von hinten auf. Ohne eine gleichzeitige (Wieder-)Herstellung der Ordnung der Märkte wird man mit allen Maßnahmen zu kurz springen. Macht man etwa die Entscheidung für oder gegen ein bail out zukünftig von der Systemrelevanz des betroffenen Landes abhängig, so gebietet doch schon die Logik, bereits dort ordnungsrechtlich anzusetzen, wo diese Systemrelevanz begründet ist: In dem Engagement des Finanzmarkts. Wenn zukünftig etwa die Banken ihre gekauften Staatsanleihen mit Eigenkapital „unterfüttern“ müssten und wenn sich dieser Anteil an der Staatsschuldenquote des Anleihen ausgebenden Landes orientieren würde – nicht wenige Banken würden ihr Portfolio massiv diversifizieren, um nicht zu sagen ausmisten. Natürlich würde es dadurch verschuldeten Ländern sehr viel schwerer fallen, Anleihen erfolgreich zu platzieren – auf der anderen Seite aber würde es im Falle ihrer Insolvenz nicht mehr zu einem Schneeballeffekt auf die Eurozone als solches kommen. Und letztlich erscheint dies als das übergeordnete Ziel.

Zwei positive (Neben-)Effekte könnten zudem mit einer solchen Regelung erzielt werden. Zum Einen erhalten die Staaten selbst, wollen sie ihre Anleihen auch zukünftig erfolgreich am Markt platzieren, einen nicht zu unterschätzenden Anreiz ihre Schuldenquote möglichst gering zu halten. Vielleicht kann der Markt hier sogar eine noch disziplinierende Wirkung entfalten als alle (halb-)verpflichtenden Regelungen und Sonntagsreden auf europäischer Ebene. Daneben ist es wahrscheinlich, dass die Banken durch die ihnen aufgezwungene Diversifizierung ihres Portfolios sich wieder vermehrt der Realwirtschaft zuwenden. Dadurch könnten vor allem solche Betriebe insbesondere des Mittelstandes profitieren, die in den letzten Jahren vermehrt Probleme bei dem Zugang zu Krediten hatten.

Auch die richtige Einführung einer Insolvenzordnung wird ohne eine Änderung der Eigenkapitalvorschriften für Staatsanleihen letztlich ein Glaubwürdigkeitsproblem bekommen. Denn wie ernst und weitgehend kann eine Beteiligung von Akteuren werden, denen die Politik zuvor durch fehlende Regulierung eine Art Freifahrtschein auf Steuerzahlerkosten ausgestellt hat? Man lässt im Grunde erst das Kind in den Brunnen fallen bevor man handelt. Angesichts der schwierigen Verhandlungen um „Basel III“ erscheint aber eine neue Eigenkapitalregelung momentan unwahrscheinlich. Hier hat man den richtigen Zeitpunkt verpasst. Für bereits bestehende Anleihen kann dies auch nicht mehr durch Regelungen im Rahmen eines kommenden Insolvenzverfahrens wettgemacht werden. Hier kann nur noch der klassische Weg der Umschuldung gegangen werden. Für zukünftige Staatsanleihen ist die beste Lösung die sogenannte „collective action clause" (CAC). In alle auszugebenden Staatsanleihen würde ein Passus eingefügt werden, in dem sich die Käufer verpflichten für den Fall der Insolvenz des Ausgebers vorzusorgen bzw. auf einen Teil ihres Geldes zu verzichten. Einziger Haken: Möglicherweise ist dies nicht auf gesamteuropäischer Ebene möglich. Ein Weg könnte das Europäische Vertragsrecht darstellen, aber das steckt noch gewissermaßen in den „Kinderschuhen" und es ist auch letztlich zweifelhaft, ob alle EU-Mitglieder diesen Weg unter Gesichtspunkten der Subsidiarität mitgehen würden. Für Deutschland wäre die Einführung einer solchen Regelung wohl aller Voraussicht nach der letzten Vertragsrechtsnovelle möglich – hier würde sich für Deutschland die Möglichkeit bieten, mit gutem Beispiel voranzugehen.

Entgegen allen Unkenrufen ist die Staateninsolvenz also bereits möglich, sie muss jedoch eine glaubwürdige Option sein. Dies geht nur wenn es auch bei kleinen Ländern wie Griechenland keine Systemrelevanz in Zukunft gibt. Dafür muss man dieses Risiko senken durch eine oben beschriebene bessere Bankenaufsicht und neue Regeln.

Die Staatsinsolvenz gilt als ein Schreckgespenst, ist historisch aber ohne fürchterliche Folgen verlaufen. In den seltensten Fällen muss der Wert von Staatsanleihen im Falle einer Insolvenz von 100 % auf 0 % abgeschrieben werden. Oft hilft es einem Land schon, wenn es lediglich für ein paar Jahre von der Zahlung von Zinsen auf seine Anleihen befreit wird. Derartige Fälle werden in den kommenden Jahren nicht nur bei Griechenland auftreten.

Europas und Deutschlands Interesse an einem wirklichen Krisenmechanismus

Ob und in welcher Form die Rettungspakete über den Juni 2013 hinaus verlängert werden, ist nicht nur eine Frage der politischen Moral oder der europäischen Solidarität. Die Entscheidungen, die in nächster Zukunft getroffen werden, haben ohne Zweifel erhebliche Auswirkungen auf die weitere Entwicklung Europas. Es wäre aber genauso fatal, die unmittelbare Bedeutung dieser Entscheidungen für Deutschlands eigene wirtschaftliche Prosperität und Zukunft zu ignorieren oder zu verschweigen.

Aus politischer Sicht kann das ersatzlose Auslaufen der Pakete keine wirkliche Option darstellen. Eine Destabilisierung der Länder der südwestlichen Peripherie Europas wäre vorprogrammiert. Die Konsequenzen hieraus für die europäische - sowohl politische als auch wirtschaftliche - Integration sind nicht absehbar. Die Anpassungslasten für kleine, ärmere Länder wie Griechenland und Portugal, aber auch das wirtschaftliche besser aufgestellte Irland werden aller Voraussicht nach deren eigene Fähigkeiten übersteigen. Auch Spanien, das noch einen weiten Weg bis zur vollen Entwicklung vor sich hat, gleichzeitig aber zu den am stärksten von der Wirtschaftskrise erfassten europäischen Ländern gehört, hat seine Wettbewerbsfähigkeit durch eine übermäßige Inflation beeinträchtigt und kämpft derzeit mit einer Arbeitslosenquote von über 20 %, welche vor allem die jungen, gut ausgebildeten Leute in nächster Zeit auf die Barrikaden treiben könnte. Hilfsmaßnahmen scheinen daher unumgänglich. Ein vollständiger Verzicht auf sie wäre letztlich auch nicht glaubhaft, die Märkte glauben keine Bluffs mehr. Bevor es also erneut zu einer großen Krise mit ungewissem Ausgang kommt und wieder über Nacht fragwürdige Notlösungen in Brüsseler Hinterzimmern zurechtgezimmert werden, die letztlich das Volumen übersteigen, das noch am Anfang der Krise nötig gewiesen wäre, muss jetzt das Versäumnis des Maastrichter Vertrages behoben und geordnete Arbeiten an einem stabilen Krisenmechanismus begonnen werden.

Zu behaupten, dass für Deutschland ein vitales Interesse an einem geordneten Krisenmechanismus unter Beteiligung der Privatwirtschaft besteht, ist wohl mehr als untertrieben. Eine Verlängerung von Hilfszahlungen ohne die gleichzeitige Einbettung in zusätzliche Mechanismen wäre sowohl unter fiskalischen als auch wirtschaftlichen Aspekten für Deutschland geradezu fatal.

Deutschland genießt wegen seiner vergleichsweise soliden Haushaltspolitik und seines umfangreichen ausländischen Nettovermögens ein extrem hohes Vertrauen unter den Kapitalanlegern. Dieses Vertrauen zeigt sich in erheblichen Zinsvorteilen. So wurden die Zinsen für deutsche Staatsanleihen durch die steigenden Spreads heruntergedrückt.[35] Während der deutsche Staat also in der Zeitspanne von der virtuellen Einführung des Euro Anfang 1999 bis zum ersten Halbjahr 2008 einen Zins in Höhe von durchschnittlich 4,31 % auf zehnjährige Staatsanleihen zahlen musste, lag dieser Zins in den Monaten Juni bis Oktober 2010 bei nur noch 2,47 %. Bliebe dieses Niveau erhalten, so würde Deutschland nach einem vollständigen Ersatz seines Schuldenbestandes in Höhe von 1782 Mrd. Euro (Ende 1. Vj. 2010) jährlich 32,8 Mrd. Euro oder 1,3 % des heutigen BIP an Zinskosten sparen, wenn man zum Vergleich einen Schuldenersatz mit zehnjährigen Papieren zum bisherigen Durchschnittszins (1999 bis 1. Hj. 2008) heranzieht. Eine unbegrenzte Verlängerung der Rettungsmaßnahmen in ihrer jetzigen Form würde die Zinsspreads sofort wieder eliminieren und einen einheitlichen Zins für alle Staatspapiere herausbilden. Für dessen Höhe würde es dann nicht mehr auf die individuelle Bonität jedes einzelnen Staates ankommen, sondern man würde auf die durchschnittliche Bonität der europäischen Staaten abstellen. Dies hätte direkte negative fiskalische Auswirkungen auf Deutschland. Denn der Durchschnittszins auf zehnjährige Staatsanleihen aller ursprünglichen Euroländer lag in den Monaten Juni bis Oktober 2010 bei 3,22 %, wenn man die Zinsen mit der Wirtschaftskraft der Länder gewichtet und damit über dem deutschen Zins in dieser Zeitspanne in

35 Vgl. Abbildung 2 (Anhang).

Höhe von 2,47 %. Daher kann man davon ausgehen, dass die fiskalische Last einer solchen Verlängerung der Rettungspakete für Deutschland auf der Basis des derzeitigen Schuldenbestandes in der Größenordnung von 13,4 Mrd. Euro pro Jahr liegen würde.

Noch weitaus gravierender wären jedoch die Implikationen möglicher Rettungsstrategien auf das deutsche Wirtschaftswachstum. Denn die Rettungsstrategien haben einen unmittelbaren Einfluss auf die internationalen Kapitalströme, von denen die Wirtschaftstätigkeit maßgeblich abhängt. Die Wirtschaftsgebiete Europas hängen über die Gütermärkte und über die Kapitalmärkte zusammen. Über die Gütermärkte hat dies grundsätzlich einen positiven Effekt, denn oft ist es so, dass ein boomendes Land oft ein anderes Land mit sich zieht. Dieser Effekt wird jedoch überlagert durch die Auswirkung der zusammenhängenden Kapitalmärkte. Denn das Kapital, das in einem Land investiert wird, fehlt zwangsläufig im anderen. Über einen kurzen Zeitraum ist der Effekt auf den gesamtwirtschaftlichen Kapitalstock nicht gravierend, jedoch wenn das Kapital über einen längeren Zeitraum von einem Land in ein anderes abfließt, dann können die sich daraus ergebenden Kapazitätseffekte - sprich das Wirtschaftswachstum - erheblich sein. Dieser Effekt wird in einem gemeinsamen Währungsraum ins Extrem getrieben, denn mit dem Abfluss von Kapital ist dort normalerweise auch ein Nettoabfluss von Geldbeständen verbunden. Damit kommt es nicht nur zu einer Verlagerung von Produktionskapazitäten, sondern zusätzlich noch von Güternachfrage zwischen den Ländern. Wenn sich das andere Land, in das das Kapital abfließt, nicht in einem gemeinsamen Währungsraum befindet, ist dieser zugegebenermaßen unangenehme Effekt allerdings begrenzt, denn das verliehene Geld kommt sofort wieder zurück und zieht dann über Wechselkursanpassungen in voller Höhe einen zusätzlichen Güterexport oder eine Senkung der Güterimporte nach sich. Das exportierende Land verliert damit zwar an Produktionskapazität, muss allerdings keine Abstriche bei der Nachfrage machen. Bei einem Kapitalexport in ein anderes Land desselben Währungsraums dagegen bleibt ein Teil des verliehenen Geldes dort dauerhaft hängen, was zu einem Schwinden der Nachfrage führt.

Zur Veranschauung dieses Prinzips dient Deutschland in mustergültiger Weise – und zwar nicht unbedingt im positiven Sinne. Deutschland hatte in den neunziger Jahren wegen des Ressourcenbedarfs der neuen Länder etwas Kapital importieren müssen und hätte möglicherweise auch im vergangenen Jahrzehnt noch mehr Kapital benötigt. Allerdings hatte die Ankündigung des Euro Mitte der 90er und dann erst recht seine Einführung 2002 starken Einfluss auf die Richtung der Kapitalströme. Deutschland wurde statt zum Importeur zum weltgrößten Nettokapitalexporteur nach China und vor Japan.[36] In den Jahren 2002 bis 2009 hat

36 Seit 2002 weisen China, Japan und Deutschland Jahr für Jahr – in unterschiedlicher Reihenfolge – die größten Leistungsbilanzüberschüsse aller Staaten auf. Im Jahr 2009 lag China mit

Deutschland 67 % seiner gesamtwirtschaftlichen Ersparnisse als Kapital- und Geldabfluss an das Ausland verloren. Nur die restlichen 33 % konnten im Inland investiert werden. Aufgrund dieses unzureichenden Investitionsvolumens erlebte Deutschland unter dem Euro eine lang anhaltende Wirtschaftsflaute und partizipierte nur verhalten an dem weltweiten Wirtschaftsaufschwung der Jahre 2004 bis 2007.[37] Es hatte unter dem Euro und auch schon in der Phase seit der Erwartung des Euro, ab etwa 1995, die niedrigste Nettoinvestitionsquote aller OECD-Länder und die zweitniedrigste Wachstumsrate aller europäischen Länder.

Die fast schon als Remonstranz vor sich hergetragene Losung, dass Deutschland aufgrund seiner auf Export ausgerichteten Wirtschaft einer der Hauptgewinner des Euro sei, ist daher so pauschalisiert nicht richtig. Denn während Deutschland sich aufgrund des Abzugs von Kapital in der wirtschaftlichen Flaute befand, boomten Kapitalimportländer wie Irland, Griechenland, Spanien und in begrenztem Umfang auch Portugal. Während Deutschlands Wirtschaft in der Zeitspanne von 1995 bis 2009 gerade mal um 16 % wuchs und der Durchschnitt der alten EU-Länder bei 27 % lag, wuchs Irlands Wirtschaft um 105 %, Griechenlands um 56 %, Spaniens um 50 % und Portugals immerhin um 30 %, was immer noch über dem europäischen Durchschnitt lag.

Der massive Kapitalimport wirkte in diesen Ländern fast schon wie eine Droge: Kredite waren für alles und jedes verfügbar. Ganze Volkswirtschaften wurden dadurch geradezu auf den Kopf gestellt. Ein Paradebeispiel hierfür ist Spanien. Vor der Einführung des Euro hatte es dort etwa überhaupt keinen langfristigen Kapitalmarkt gegeben, auf dem man sich zu festen Zinsen mit Krediten hätte versorgen können. Es gab langfristige Kredite nur zu variablen Zinsen, die zudem noch weit über dem deutschen Niveau lagen. Nun aber mit dem Euro konnten sich auf einmal spanische Bauherren für 20 Jahre zu festen Zinsen, die zudem noch auf dem deutschen Niveau lagen, billiges Geld besorgen. Wer hätte einer solchen Versuchung widerstehen können? Es kam zu einem Bauboom, der Arbeitsplätze schaffte und die Binnenkonjunktur anheizte. Die Immobilien gewannen an Wert, ihre Eigentümer nahmen weitere Kredite für neue Investitionen auf. Der Immobilienmarkt wurde zum Heizkessel eines inländischen Superbooms – mit fatalen Auswirkungen. Denn dieser brachte nicht nur ein hohes gesamtwirtschaftliches Wachstum mit sich, sondern auch eine inflationäre Überhitzung. Die Einkommen stiegen, das Wohlstandsniveau stieg und mit ihm auch die Zahl der Importe. Die Überhitzung verringerte damit aber auch die preisliche Wettbewerbsfähigkeit des Landes, was sich unmittelbar in einem Exportrückgang ausdrückte. Über die Be-

297,1 Mrd. Dollar vor Deutschland (163,3 Mrd. Dollar) und Japan (141,8 Mrd. Dollar), vgl. Internationaler Währungsfonds, World Economic Outlook Database, October 2010, http://www.imf.org/external/pubs/ft/weo/2010/02/weodata/index.aspx.

37 Vgl. Deutsche Bundesbank, Zeitreihendatenbank, Zahlungsbilanzstatistik, Kapitalverkehr mit dem Ausland.

feuerung der Binnenkonjunktur wurden damit die anfangs stimulierenden Kapitalimporte zu Außenhandelsdefiziten, die dazu beitrugen, das Land mittel- und langfristig in eine tiefe Krise zu stürzen. In etwa kann man diese Entwicklung als Art Blaupause auch auf die anderen Ländern anlegen. Allerdings divergiert der Anteil des staatlichen Verschuldens. Für Griechenland und Portugal muss etwa ein massives politisches Versagen festgestellt werden. Beide haben sich aktiv durch eine ausufernde Verschuldung an der allgemeinen Aufheizung der Binnenwirtschaft beteiligt. Spanien muss sich insofern „nur" den Vorwurf gefallen lassen, dass es wenigstens indirekt zur Verschärfung der Lage beigetragen hat, indem es die Chance zur Bildung von hohen Budgetüberschüssen, die der Wirtschaftsboom bot, nur unzureichend genutzt hat. Gegenbeispiel ist der irische Staat, der in den Jahren 1999 bis 2001 und 2003 bis 2006 stets einen erheblichen positiven Finanzierungssaldo erwirtschaftet hatte.

Dass letztlich aber für die Fehlentwicklungen in allen Boomländern unter anderem nun Deutschland, dem das Kapital damals abgezogen wurde, finanziell unter dem Dach des Euro-Rettungsschirms einspringen muss, ist für manche Beobachter eine beinahe schizophrene Situation. Denn während dort der Boom tobte, segelte Deutschland in einer Flaute, weil seine Ersparnisse kaum noch im Inland, sondern zum weitaus überwiegenden Teil im Ausland, vornehmlich nicht zuletzt in den besagten Boomländern, angelegt wurden. Während also in Spanien ein Haus nach dem anderem hochgezogen wurde, brachte gerade die im deutschen Baubereich herrschende Flaute die Binnenkonjunktur zum Erliegen. Deutschlands Immobilienpreise stiegen nicht wie in den meisten anderen europäischen Ländern, sondern fielen sogar leicht. Das Land wurde zu einer realen Abwertung im Euroraum gezwungen. Die Lohnentwicklung blieb hinter dem europäischen Durchschnitt zurück. Mühsame und schmerzhafte Reformen des Arbeitsmarktes führten zu einer erheblichen politischen und gesellschaftlichen Zerreißprobe im Land. Deutschland hat sich aber durch die massiven Maßnahmen ein Stück weit selbst am Schopf aus dem Sumpf gezogen. Denn es verbesserte so seine preisliche Wettbewerbsfähigkeit und konnte damit die realwirtschaftlichen Anpassungslasten zumindest etwas abfedern. Mit der seit 1995 niedrigsten Steigerungsrate der Preise und Löhne im Euroraum ging eine geringe Binnennachfrage sowie ein Anstieg des Exportanteils einher. Der deutsche Exportüberschuss war damit das notwendige Pendant der Kapitalabflüsse, die durch die Schaffung eines einheitlichen europäischen Kapitalmarktes zustande kamen. Zwar half er die deutsche Wirtschaft zu stabilisieren, konnte die wegen des Investitionsrückgangs wegbrechende Binnenkonjunktur aber nur zum Teil kompensieren.

Nun scheint alles anders geworden zu sein. Mit der Finanzkrise hat der Spielplatz des einheitlichen europäischen Kapitalmarktes für die Kapitalanleger massiv an Attraktivität eingebüßt. Dabei gilt die veränderte Risikoeinschätzung nicht nur für Staatspapiere, sondern in ähnlicher Weise auch für viele vormals als hochattraktiv erscheinende private Wertpapiere. Deutsche Banken und Versicherer scheuen inzwischen davor, ihr Geld im Ausland anzulegen, wissen quasi nicht wohin mit ihrem Geld. Es herrscht fast schon Anlagenotstand. Notgedrungen wenden sie sich wieder dem inländischen Kreditnehmer im Firmenkundengeschäft und bei der Immobilienfinanzierung zu. Während also die ehemaligen Kapitalimportländer nun in die Flaute gehen, weil die Phase der lockeren Budgetbeschränkungen zu Ende ist, boomt Deutschland – die Achterbahn der Makroökonomie. Selten war die Situation für die heimischen Investoren in Deutschland günstiger. Es gibt billiges Baugeld, die Anleihen der Unternehmen finden reißenden Absatz. Was war nochmal eine Kreditklemme? So zeugt auch das von den Instituten prognostizierte Wirtschaftswachstum des Jahres 2010 von der außergewöhnlichen Situation, in der sich Deutschland heute befindet.[38] Das Wachstum ist mit 3,5 % erstmals das höchste aller Euroländer mit Ausnahme der Slowakei, und es ist keineswegs nur durch Außenhandel und Export zu verdanken, sondern vor allem auch einer neuen Binnenkonjunktur und Investitionsnachfrage, die maßgeblich durch die Umlenkung der Kreditflüsse erklärt wird. Wenn diese gegenwärtige Umlenkung der Kapitalströme zugunsten der deutschen Wirtschaft anhält, könnte Deutschland auf einen neuen Wachstumspfad kommen, der über eine Steigerung der Arbeitsproduktivität, der Löhne und die Schaffung neuer Arbeitsplätze insbesondere auch den Arbeitnehmern zugute kommt. Die Abnahme der Exportüberschüsse würde dann im Gegenzug die natürliche Implikation einer wieder erstarkenden Leistungskraft der deutschen Binnenwirtschaft anzeigen und wäre damit ein gutes Zeichen.

Allerdings, wenn das Wörtchen „wenn" nicht wäre: Denn ob die derzeitige Ausrichtung der Kapitalströme anhält, ist fraglich. Dies ist von mehreren Faktoren abhängig. Zunächst hängt es natürlich von dem Bemühen der momentan für Anleger unattraktiven Märkte wie etwa dem der USA ab, das internationale Kapital von neuem ins Land zu locken. Wenn ihnen das gelingt und das Kapital wieder aus Deutschland abfließt, dann kann es dessen Aufschwung nicht finanzieren. Aber auch die Konstruktion des künftigen europäische Krisenmechanismus kann entscheidend zum Ausgang dieser Frage beitragen. Nimmt dieser Mechanismus nämlich entgegen aller Warnungen von Ökonomen den Charakter einer Vollkaskoversicherung gegen Kreditausfälle an, dann werden die Zinsspreads für die öffentlichen Anleihen wieder schrumpfen, und der Spielplatz „einheitlicher Finanzmarkt" wird wieder eröffnet. Damit wird der Kreditkanal ins europäische Ausland wieder geöffnet, was die Fortsetzung des überhitzten Wirtschaftswachstums in den bekannten Ländern und den Rückfall Deutschlands in die Stagnation bedeuten würde. Ein Rückgang der Binnenwirtschaft hätte dann wieder unmittelbar als Kehrseite einen Handelsbilanzüberschuss zur Folge. Die manchmal in diesen Tagen zu hörenden Forderungen an Deutschland sowohl nach einer Verlän-

38 Vgl. Abbildung 12 (Anhang).

gerung der Rettungspakete als auch gleichzeitig nach eines Abbaus seiner Außenhandelsüberschüsse wirkt vor diesem Wirkungszusammenhang geradezu lächerlich. Es ist die sprichwörtliche Quadratur des Kreises.

Das Verbot eines Bailout, wie es zurecht in die Verträge aufgenommen wurde und bis heute dort steht, konnte die derzeitige Krise nicht verhindern. Es erwies sich als nicht hinreichend glaubwürdig, um die Märkte zu beruhigen und Spekulationen gegen den Euro selbst zum Verstummen zu bringen. Es war ein Fehler, dass im damaligen Maastricht-Vertrag nicht das Bailout-Verbot um einen wirksamen Krisenmechanismus ergänzt wurde. Denn auch wenn weiterhin der Grundsatz gelten muss, dass die europäischen Mitgliedstaaten zu allererst selbst verantwortlich für ihre Politik und ihre Finanzen sind, dann muss doch für den Fall einer Krise vorgesorgt sein.

Mit den Rettungspaketen hat man sich lediglich Zeit erkauft. Die Luxemburger Zweckgesellschaft EFSF wird planmäßig aufgelöst, nachdem etwaige Altverbindlichkeiten abgearbeitet sind. Nach dem Ende der vertraglich vorgesehenen Dreijahresfrist dürfen keinerlei neue Kredite mehr vergeben werden, will mach nicht die Glaubwürdigkeit des neuen Krisenmechanismus unterlaufen. Auch der EFSM, der derzeit ein Finanzvolumen von 60 Mrd. Euro hat und durch Mehrheitsbeschluss aktiviert werden kann, sollte ersatzlos abgeschafft werden. Er darf nicht für die EU zum Instrument zur regulären Kreditaufnahme werden, wie dies unter dem Stichwort Eurobonds von den üblichen Verdächtigen gebetsmühlenartig wiederholt wird. Steter Tropfen darf hier nicht den Stein höhlen! Deutschland muss sich als größter Geldgeber vorbehalten auch weiterhin die Zügel in der Hand zu behalten. Denn es ist mehr als wahrscheinlich, dass die Mehrheitsbeschlüsse der EU zu einer systematischen Umverteilung zu deutschen Lasten führen werden.

Nach Auslaufen der Rettungspakete muss stattdessen ein Mechanismus zur Verfügung stehen, der geeignet ist einen drohenden Dominoeffekt zu verhindern und die Krise eindämmt, also seinen Namen „Krisenmechanismus" auch wirklich verdient. Im Geiste des Bailout-Verbots muss er nach dem Grundsatz konzipiert sein „Eigenverantwortung vor Hilfe".

Bei den Verhandlungen über diesen neuen Krisenmechanismus, den sogenannten Europäischen Stabilitätsmechanismus (ESM), hat sich die Bundesregierung glücklicherweise in Brüssel gegen diejenigen Mitgliedstaaten, die mit massiver Rückendeckung von Europäischer Kommission, Europäischem Parlament und der EZB sich für die Einführung von Eurobonds – also der Vergemeinschaftung des Zinsrisikos – ausgesprochen hatten, durchsetzen können. Denn dies hätte endgültig aus der Eurozone einen Transfermechanismus gemacht. Mit finanziellen Transfers haben wir bereits auf der Ebene der EU im Rahmen von Struktur- und Kohäsionspolitik genügend Verteilungsschlachten auszutragen, die im Endeffekt Deutschland meistens teuer zu stehen kommen. Dies darf mit der Eurozone nicht auch noch passieren, auch wenn sich der Druck durch die entsprechende Initiative von Jean-Claude Juncker noch einmal beträchtlich erhöht hat und die Forderungen wohl nie ganz verstummen werden. Zwar konnte nun auch Frankreich für eine Ablehnung von Eurobonds gewonnen werden – allerdings wohl leider nur zeitweilig, denn man muss genau hinhören: Wenn Sarkozy sagt, man dürfe das Pferd nicht von hinten aufzäumen, dann will er zuerst die politische Integration in der Währungsunion vorantreiben und dann über Euro-Bonds reden. Frankreich verfolgt somit generell weiterhin einen anderen Kurs in der Währungspolitik – nämlich den einer politisierten Geldpolitik – und ist zudem in der konkreten Frage Eurobonds also ein äußerst wackliger Verbündeter. Es muss also befürchtet werden, dass sich Frankreich diesen Schulterschluss mit Deutschland mittel- oder langfristig versilbern wird lassen.

Eurobonds sind aber nicht nur ordnungspolitisch das völlig falsche Signal an die verschuldeten Länder, sondern würden auch nicht zuletzt gerade Deutschland teuer zu stehen kommen. Denn wie würden Eurobonds funktionieren? Das Grundprinzip lässt sich zusammenfassen in „Gleiche Zinssätze für alle". Im Moment richten sich die Zinssätze der Mitgliedstaaten im wesentlichen nach deren Bonität, also deren Ruf bei den Investoren. Eurobonds würden im Grundsatz eine Entkoppelung dieser beider Faktoren und die Angleichung des Zinsniveaus bedeuten. Letztlich würde dies von Vorteil sein für diejenigen Länder, die aufgrund finanzieller Probleme und damit meistens verbundener geringer Bonität hohe Zinssätze zahlen müssen. Für all die Länder aber, die aufgrund hoher Bonität niedrige Zinsen bezahlen, würde es eine Verschlechterung bedeuten. Leider gehören derzeit nicht (mehr) viele Länder der EU zur letzt genannten Gruppe, so dass die Front gegen Eurobonds sich dem großen Druck der Mehrzahl der Mitgliedstaaten ausgesetzt sieht.

Aber gerade für Deutschland wäre die Einführung von Eurobonds äußerst kostspielig. Zur Verdeutlichung: Derzeit werden Bundesanleihen und andere Wertpapiere des Bundes in einem Volumen von 1,05 Billionen Euro im Sekundärmarkt bewegt. Die durchschnittliche Rendite der aktiv gehandelten Zinspapiere des Bundes beträgt 1,73 %. In diesem EU-weit niedrigsten Zins drückt sich das Vertrauen der Investoren in Deutschland aus. Schuldner mit schlechtem Ruf wie Griechenland oder Irland müssen hingegen um 8 oder 5 Prozentpunkte höhere Zinsen bezahlen. Insgesamt ergibt sich eine Durchschnittsverzinsung von 3,31 % für alle in der Eurozone umlaufenden Staatspapiere. Wenn der Bund künftig nur noch zu diesem Zinssatz verzinste Kredite aufnehmen würde können, hätte das fatale Folgen. Zwar ist der Unterschied zwischen dem derzeitigen Zinssatz von 1,73 % und der Durchschnittsverzinsung von 3,31 % optisch klein, aber wegen der Höhe der deutschen Staatsschulden wird hieraus ein riesiger Betrag. Die Einführung von Eurobonds würde – diese Zahlen zugrunde gelegt - zu einer Mehrbelastung des Bundeshaushalts von jährlich mehr als 17 Milliarden Euro führen. Hiervon würde etwa die Hälfte bereits vor Ende des Jahres 2013 anfallen, weil Bundeswertpapiere in diesem Umfang eine Laufzeit von drei Jahren oder weniger haben. Die mehr als 17 Milliarden Euro müsste der Bund wegen der Schuldenbremse im Grundgesetz entweder jedes Jahr woanders einsparen oder aber die Steuern dauerhaft kräftig erhöhen. Dass die Bundesregierung einer solchen Regelung nicht zustimmen kann, ergibt sich von selbst. Nachdem Luxemburgs Premier Juncker nicht mehr die klassische Vermittlerrolle zwischen Deutschland und Frankreich spielt und ihn die Kanzlerin ohne Not bei der Einigung von Deauville nicht genügend eingebunden hat, reagierte dieser besonders sensibel und kritisch. Kein Wunder, auch bei der Frage der ständigen Ratspräsidentschaft hatte er sich wohl mehr erhofft. Die reflexhafte Ablehnung von Euro-Bonds aus Reihen der Koalition und der Regierung kam insbesondere bei Euro-Gruppen-Chef Juncker daher nicht gut an. Ich halte diese harte Ablehnung für absolut richtig und notwendig und bin froh, dass die FDP-Bundestagsfraktion in der Diskussion dies immer wieder bekräftigt hat. Dass sich Deutschland dafür von Jean-Claude Juncker anti-europäisch nennen lassen muss, stimmt bedenklich. Wie viel kann Deutschland der europäischen Idee nützen, wenn es mehr und mehr für sie finanziell ausblutet und die Bevölkerung sich frustriert von Europa abwendet? All das diesjährige Werben für europäische Solidarität würde ad absurdum geführt werden.

Was spricht gegen Eurobonds? Eurobonds verringern die von vor allem von hochverschuldeten Peripheriestaaten der Eurozone zu zahlenden Zinsen und steigern die von Deutschland zu zahlenden Zinsen. Im schlimmsten Fall könnte dies eine finanzielle Mehrbelastung von 17 Mrd. € bedeuten! Eurobonds verfolgen das Ziel, die Zinsspreads in der Eurozone zu verringern. Die Zinssubventionen, die Deutschland zahlen müsste, würden ein Element einer Schulden-Haftungsgemeinschaft darstellen. Eurobonds würden daneben durch die Einebnung der Zinsspreads den Kapitalfluss aus Deutschland heraus wieder erleichtern, was vor allem negative Konsequenzen für das Wirtschaftswachstum in Deutschland und die Lohnentwicklung hätte. Die Zinsspreads und die offenbar gewordenen Risiken in Peripherieländern sorgen dafür, dass das Kapital nicht mehr so stark wie seit Beginn der Währungsunion aus Deutschland abfließt, sondern wieder mehr im eigenen Land investiert wird. Dies treibt die Konjunktur in Deutschland momentan an. Die verbesserte Binnennachfrage sorgt wieder für steigende Löhne auch in Deutschland und verringert die Leistungsbilanzungleichgewichte gegenüber den anderen Ländern der Eurozone. Eurobonds würden also gleich in zweifacher Hinsicht Länder mit hoher Bonität wie Deutschland belasten.

Sie helfen aber vor allem daneben auch nicht den finanzschwachen Ländern. Ermäßigte Zinsen haben erfahrungsgemäß gerade nicht dazu geführt, dass die „Südländer" diese zum Schuldenabbau nutzten, sondern sie nutzten sie im Gegenteil, um noch mehr Schulden zu machen. Eine Sozialisierung der Haftung eben nicht zu mehr Vorsicht der Schuldner. Schulden verschwinden nicht dadurch, dass man sie verpackt und anderen auferlegt. Dem Druck, sich nunmehr ernsthaft zu konsolidieren und die eigene Wettbewerbsfähigkeit nachhaltig zu verbessern, dürfen die Peripherieländer im Interesse der nachhaltigen Konsolidierung der Eurozone nicht durch noch so innovative Finanzprodukte ausweichen. Das Gegenargument von Juncker, nach seinem Modell seien „Blue Bonds“ für Deutschland sicher, denn jeder hilfebedürftige Staat dürfe sie nur bis zur Höhe von 60 % seines BIP in Anspruch nehmen (dies entspricht der Maastrichter Obergrenze für den Gesamtschuldenstand), sie seien also solide abgesicherte Staatsanleihen, für die Deutschland ohnehin nie haften müsste, ist mehr als diskussionswürdig. Denn die Staaten, die eine solche Hilfe beanspruchen würden, sind sämtlich weit über 60 % ihres BIP verschuldet. Sie bräuchten also deutlich mehr Bonds. Es ist daher zu erwarten, dass die Märkte in vergleichbaren Notsituationen die über die 60 %-Grenze hinausgehenden „Red Bonds“, die weitaus schlechtere Konditionen haben, als die „Blue Bonds“, einfach nicht kaufen werden. Die Märkte werden dann mit größter Dringlichkeit weitere „Blue Bonds“ verlangen und gegenüber der Politik wird ihr Druck seine Wirkung wiederum nicht verfehlen. Auch das Argument der Eurobonds-Befürworter, es gebe bereits Eurobonds (z.B. Zahlungsbilanzhilfen für nicht Euro-Staaten, z.B. HU) bzw. ein den Eurobonds ähnliches System (den EFSM) und die Welt sei davon nicht untergegangen, geht fehl. Denn die Zahlungsbilanzhilfen sind sehr begrenzt und der ebenfalls auf insgesamt 60 Mrd. € begrenzte EFSM wird aus dem EU-Haushalt finanziert. Für Zahlungsausfälle von Schuldnerstaaten, die Kredite aus dem EFSM erhalten, würde Deutschland nur pro Rate in Höhe seines Anteils am EU-Haushalt haften. Für die Eurobonds nach den Juncker-Vorstellungen würde Deutschland hingegen in voller Höhe haften.

Wem diese Argumente immer noch nicht ausreichen: Da die von Juncker geforderten „Blue Bonds“ eine gesamtschuldnerische Haftung begründen, verstoßen sie auch eindeutig gegen Art. 125 AEUV (das Bailout Verbot). Eine Einführung würde wahrscheinlich eine „große Vertragsänderung“ mit Ratifizierung und gegebenenfalls Referenden erfordern. Auch vom Standpunkt des Demokratieprinzips wäre es nicht akzeptabel, wenn sich Staaten einerseits völlig souverän verschulden können, andererseits die Steuerzahler und Wähler anderer Staaten wie z.B. Deutschlands verpflichtet werden, die Haftung für diese Schulden zu übernehmen, über deren Eingehung sie nicht mitbestimmen konnten und von denen sie auch finanziell keine Vorteile hatten (etwa in Form von Infrastrukturinvestitionen in ihrem Land).

Nicht nur aus deutscher, sondern auch aus gemeinschaftlicher Sicht sind Eurobonds damit nachteilig für die langfristige Konsolidierung und Stärkung der Eurozone. Sie setzen ökonomisch die falschen Anreize, verringern Wachstums- und Beschäftigungspotential in Deutschland, schaffen unkontrollierte Haftungstatbestände in riesiger Höhe vor allem für Deutschland und zwar für viele Generationen, sie verstoßen höchstwahrscheinlich gegen die europäischen Verträge und auch gegen das Grundgesetz, insbesondere gegen das Demokratiegebot.

Stattdessen muss der neue Krisenmechanismus auf einem dreistufigen Aufbau beruhen.

1) Prinzip der Eigenverantwortung stärken

Zunächst muss das Schuldnerland in die Verantwortung genommen werden in Form von Spar- und Reformprogrammen. Die Eigenverantwortung der Staaten ist bereits im jetzigen Rettungsschirm als Grundsatz verankert. Hilfen werden nur unter einer strengen Konditionalisierung vergeben, welche von EU und nicht zuletzt auch dem IWF überwacht wird. Diese Konditionalisierung spiegelt sich nun in Irland und Griechenland in strengen Spar- und Reformprogrammen wieder, die die Länder an die Grenzen des politisch Machbaren und gesellschaftlich Ertragbaren bringen. Nur mit dieser bitteren Medizin können aber die Länder langfristig wieder gesund werden. Auch wenn dies innenpolitisch und gesellschaftlich für einigen Zündstoff sorgt: Man unterschätzt zu oft das Gespür der Bürgerinnen und Bürger für den Ernst der Lage und die Erforderlichkeit der Maßnahmen. Nicht zuletzt haben die Kommunalwahlen in Griechenland gezeigt, dass trotz großer persönlicher Einschränkungen die Menschen es zu schätzen wissen, wenn man von politischer Seite die Dinge klar benennt und als alternativlos erklärt anstatt populistisch sich nach der jeweiligen Stimmungslage und anstehenden Wahlen zu richten. Ein Mechanismus, der 2013 den Euro Rettungsschirm ablösen soll, muss diese Eigenverantwortung der Staaten durch eine strenge Konditionalisierung von Hilfen weiterführen. Deshalb ist es von zentraler Bedeutung, dass Deutschland auch hier sich weiterhin für eine aktive Einbindung des IWF einsetzt. Man könnte nach den positiven Erfahrungen mit seiner Arbeit in den jetzigen Hilfsprogrammen sogar überlegen, diese sogar noch auszuweiten. Deutschland darf sich hier wiederholt nicht irre machen lassen durch diffuse Ängste vor einem Machteinfluss der Chinesen in Europa. Dieses Argument wird auch einmal gern von der EU-Kommission vorgebracht – allerdings vornehmlich aus Angst vor dem eigenen Machtverlust.

2) Eine Beteiligung der privaten Gläubiger ohne Hintertür

In einem zweiten Schritt müssen die privaten Gläubiger auf einen Teil ihrer Forderungen verzichten. Der neue Krisenmechanismus muss endlich die Akteure in die Verantwortung nehmen, die bislang nicht nur unbeschadet durch die Krisen der letzten Monate gesegelt sind, sondern auch vor und auch noch während der Krise kräftig verdient haben: Die privaten Gläubiger, also vornehmlich die Anleger in Staatsanleihen. Diese konnten bisher ohne Risiko in hochriskante Staatsanleihen investieren und haben von den höheren Zinsspreads, also von der Gefahrenlage eines Landes, profitiert. Diesem Irrsinn muss ein Ende gemacht werden. Private Gläubiger müssen wissen, dass sie wie im Falle einer Privatinsolvenz auch, auf einen Teil ihrer Forderungen verzichten müssen, wenn ein Staat faktisch insolvent wird. Verschiedene Wege und Mittel, wahrscheinlich auch in Kombination, sind für die genaue Ausgestaltung einer solchen Beteiligung an den Kosten einer Staatenrettung denkbar. Als Grundvoraussetzung müssen künftig alle Staatsanleihen der Eurozone sogenannte „Collective action clauses“ beinhalten, so dass der Prozentsatz der am Markt befindlichen Anleihen ohne solche Klauseln über die Zeit abnimmt. Hierauf müssen sich die Mitgliedstaaten möglichst schon vor der Ausarbeitung des Krisenmechanismus selbst verständigen, je schneller desto besser. Denn die Ausgabe von Staatsanleihen und deren inhaltliche Ausgestaltung ist natürlich nationale Kompetenz. Hierauf müssen sich alle Mitglieder verpflichten, ansonsten wird der große Wurf ausbleiben. Die Collective Action Clause (CAC) ermöglicht nämlich eine mehrheitliche Vereinbarung der Gläubiger mit dem Schuldnerland, die dann allgemeinverbindlich wird. Die Gläubiger stimmen schon beim Erwerb ihrer Forderungen zu, sich später einer Mehrheitsregel bezüglich aller zum gleichen Zeitpunkt fällig werdenden Papiere zu unterwerfen, und verzichten damit darauf, ihre Forderungen früher fällig zu stellen, falls der von Insolvenz bedrohte Staat mit den Inhabern der jeweils fällig werdenden Papiere separate Vereinbarungen aushandelt. Dies klingt sehr technisch, wird aber essentiell für die Wirkung des Krisenmechanismus sein. Denn der Verzicht auf frühzeitiges Fälligstellen der Forderungen wird es erst ermöglichen, die Zahlungsprobleme des Schuldnerlandes für den Fall der Insolvenz schrittweise zu lösen. Ansonsten wären nämlich im Falle einer Insolvenz sofort alle Forderungen gleichzeitig fällig gestellt. Dies würde das Schuldnerland ohne massive finanzielle Hilfe der Staatengemeinschaft, die ja gerade eben nicht mehr das primäre Hilfsmittel sein soll in Zukunft, in den endgültigen Staatskonkurs treiben.

Die Einführung von sog. CACs ist somit aus meiner Sicht unverzichtbar. Allerdings müssen Warnungen vor möglichen Risiken bei der Umstellung des jetzigen Krisenmechanismus des EFSF auf das neue System (ESM) einschließlich den CACs im Jahr 2013 ernst genommen werden. Es besteht die Gefahr, dass die Einführung der CACs zu Absatzschwierigkeiten der neu herauszugebenden Anleihen führen wird. Denn nüchtern betrachtet sind die jetzigen Regelungen für die Käufer komfortabler. Die EFSF-Bonds sind lediglich mit dem geringen Risiko des kompletten Zusammenbruchs der Eurozone behaftet. Die neuen Regelungen ab 2013 dagegen sehen im Rahmen der CACs, aber auch des noch in Verhandlung befindlichen haircuts in seiner dann konkreten Ausgestaltung ein höheres Risiko bei der Zeichnung von Anleihen dar. Werden vor allem die privaten Käufer gewillt sein, diese Risiken einzugehen oder werden die Anleihen wie Blei in den Regalen der Finanzmärkte liegen? Dies ist sicherlich eine Entwicklung, die beobachtet werden muss 2013, letztlich kann jedoch der Weg aber auch nicht mehr zurück in das Kasinosystem des Anleihenmarkts zurückführen.

Die CACs bergen über ihren Hauptzweck hinaus auch durchaus erwünschte Nebeneffekte. Einer hiervon ist, dass die Einführung von CACs zu einer Zinsspreizung führen könnte. Für Schuldner hoher Bonität könnten also die Zinsen sinken, nur Schuldner geringer Bonität würden im moderaten Maße höhere Zinsen bezahlen.[39] Gerade für Deutschland als Land von traditionell hoher Bonität könnte sich dies positiv auswirken.

Die Bereitschaft der Gläubiger auf die sofortige Fälligstellung ihrer Forderungen zu verzichten ist ein erster und unverzichtbarer Schritt – sie müssen jedoch noch zu weiteren Zugeständnissen bereit sein. Sie müssen auch inhaltlich auf einen Teil ihrer Forderungen verzichten. Letztlich entspricht auch dies dem normalen Vorgang in einem Insolvenzverfahren, denn im Normalfall ist eben nicht genug Geld vorhanden, um die Forderungen aller Gläubiger komplett abzudecken. Daneben muss es auch aus im Hinblick auf die Stabilisierung der Märkte zu einem Wertabschlag kommen. Denn ohne einen mit der Insolvenz verbundenen Wertabfalls der Staatsanleihen würde deren Nennwert mit einem Schlag auf 100 % springen. Dies würde eine Destabilisierung der Märkte nach oben bedeuten. Wie eine solche Kürzung der Forderungssumme im Detail erreicht werden kann, wurde sehr instruktiv und glaubhaft von dem Präsident des ifo-Instituts Hans-Werner Sinn in einem von der FDP-Bundestagsfraktion in Auftrag gegebenen Gutachten vorgeschlagen.[40] Danach würden in einem ersten Schritt alle ausgegebenen Anleihen im Wege eines Zwangsumtausches durch Ersatzanleihen ersetzt werden. Ihr Wert wäre ein von den Mitgliedstaaten garantierter Anteil der ursprünglichen Anleihen. Über Zahlen kann man sich dabei gewiss streiten, allerdings muss der Wert jedenfalls so bemessen sein, dass er seinen Zweck erfüllt, nämlich die Panik der Märkte vor möglichen Wertverlusten ins Bodenlose einzudämmen. Sinn schlägt den vernünftigen Wert von 80 % des Ausgangswerts vor. Erst in einem zweiten Schritt würde dann der schon in aller Munde befindliche haircut zum Einsatz kommen. Dieser würde dann noch einmal einen Teil des Wertes der Ersatzanleihen abschlagen. Auch hier wird man sich auf eine vernünftige Größenordnung einigen müssen. Eventuell wäre es auch sinnvoll, nur bestimmte Richtgrößen festzulegen und bei der konkreten Höhe des haircuts sich im Einzelfall an der Situation der Märkte zu orientieren. Sinnvolle Richtgrößen könnten nach Prof. Sinn etwa 20 % als untere Grenze und 50 % als obere Grenze des haircuts sein. Wichtig ist in jedem Fall eine absolute Obergrenze festzulegen, denn die Gläubiger müssen im Vorhinein wissen, mit wie viel Wertverlust sie im worst case rechnen müssten. Die

39 Vgl. B. Eichengreen, K. Kletzer und Ashoka Mody, »Crisis Resolution: Next Steps«, IMF Working Paper Nr. 03/196, 2003.

40 „Ein Krisenmechanismus für die Eurozone", Sonderausgabe des ifo-Schnelldienstes vom 23.11.2010, S. 4 f. abrufbar unter http://www.cesifo-group.de/portal/page/portal/ifoHome.

Begrenzung des Haircut und die Sicherung der Ersatzanleihen müssen eine Panik auf den Kapitalmärkten verhindern, ohne dass der Schutz der Staatengemeinschaft zu einer Vollkaskoversicherung gegen Zahlungsunfähigkeit wird. Dass der haircut gerade zu Panik auf den Märkten führen würde, also geradezu ein destabilisierendes Element eines Krisenmechanismus wäre, wird von interessierter Seite zwar immer wieder wiederholt, davon aber auch in der Substanz der Behauptung auch nicht richtiger. Im Gegenteil: Der haircut hat eine stabilisierende Wirkung, weil er sich ja in den gesetzten Grenzen den am Markt ohnehin schon realisierten Abschlag auf die Emissionskurse widerspiegelt.

Deutschland hat was das Thema der Beteiligung der privaten Gläubiger angeht einen wichtigen Teilerfolg in Brüssel erreichen können. Zumindest die Einführung von Collective Action Clauses ab dem Jahr 2013 konnte durchgesetzt werden. Allerdings musste man den Kompromiss eingehen, dass bei der Gläubigerbeteiligung zwischen zwei Szenarien unterschieden werden soll. Dabei soll nach einer vorangegangenen Schuldentragfähigkeitsanalyse darüber entschieden werden, ob ein Land wirklich als insolvent oder lediglich als illiquide eingestuft werden muss. Im ersten Fall, der Insolvenz, soll im Wege einer Umschuldung die Gläubigerbeteiligung zwar dem Einzelfall natürlich angepasst, aber doch zwingend erfolgen. Im zweiten Fall jedoch, wenn das betreffende Land nicht als insolvent, sondern „nur“ als illiquide, also nur temporär einen Finanzierungsengpass hat, dann sollen die privaten Gläubiger lediglich ermutigt werden, ihr Engagement gemäß internationalen Regelungen und in Einklang mit den IWF-Regularien aufrechtzuerhalten. Ein Kompromiss, der mir persönlich nicht weit genug geht, aber zumindest kurzfristig als das realpolitische Maximum gesehen werden muss. Denn dass das Thema der Beteiligung privater Gläubiger für zukünftige Krisen angesichts der kontroversen Diskussionen hierüber und den entsprechenden Widerstand der üblichen Verdächtigen schon nicht in der Schublade verschwand, ist ein Erfolg, von dem man vor noch einem halben Jahr kaum zu träumen gewagt hätte. Aber jetzt muss aufgepasst werden, dass man sich diesen Teilerfolg nicht wieder in der Praxis abkaufen lässt. Die Grenzen zwischen einem vorübergehenden Zahlungsengpass und einer echten Insolvenz sind fließend. Werden die Mitgliedsstaaten jemals einen der ihren in die Pleite gehen lassen? Werden sie jemals die Gläubiger zur Kasse bitten, wo doch klar ist, dass dann auch die eigenen Banken Probleme bekommen, weil sie Staatsanleihen halten? Deswegen gilt mein besonderes Augenmerk den noch im Detail zu treffenden Entscheidungen, wer welche Rolle bei der Schuldentragfähigkeitsanalyse haben wird.

Genau wie bei dem Thema der automatischen Sanktionen im Stabilitätspakt muss auch hier ein Stück Entpolitisierung stattfinden. Ich sehe hier zwei maßgebliche Gefahren. Einmal beginnt dies schon mit der politischen Einflussnahme auf das Ergebnis der Schuldentragfähigkeitsanalyse. Wer führt diese Analyse durch? Das ist einmal die Europäische Kommission: Unter Kommissar Rehn engagiert in der Frage der Entpolitisierung des Stabilitätspakts, aber nicht gerade ein Fürsprecher für eine generelle zwingende Gläubigerbeteiligung. Dann ist da noch die EZB: Präsident Trichet – dies wurde in einem Gespräch des Europaausschusses mit Premierminister Juncker, auch ein erklärter Gegner einer generellen Beteiligung, noch einmal explizit bestätigt – hat sich mit Händen und Füssen gegen die Einführung einer generellen Gläubigerbeteiligung zur Wehr gesetzt. Die vorgetragenen Bedenken hierzu kann ich nicht teilen. Das Argument, man würde durch eine generelle Beteiligung privater Gläubiger die Finanzmärkte zu stark beunruhigen, will mir nicht einleuchten. Denn wenn von vorneherein feststeht, dass eine solche Beteiligung im Ernstfall kommen wird, ist dies für die Märkte meiner Ansicht nach berechenbarer – weil einpreisbar – als wenn man sie bis zur Entscheidung im Rat hierüber „im Dunkeln tappen lässt“. Dies würde doch die Spekulationen nur noch anheizen. Es sei denn natürlich, die Regelung würde so wachsweich ausgestaltet werden, dass es letztlich nur einem Bruchteil der Fälle auch wirklich zu einer Gläubigerbeteiligung käme. Und in der Tat: Trichet musste zwar letztlich, was den Fall der Insolvenz angeht, ein Zugeständnis machen.

Aber diese Kröte dürfte zu schwer für ihn zu schlucken gewesen sein, denn er sitzt ja jetzt (mit) am Hebel, ob dieser Fall eintrifft. Und dann ist da letztlich der IWF. Er war - und ist hoffentlich noch immer - der Hoffnungsträger für mich und alle anderen, die den Kräften, die lieber gestern als heute den Einstieg in einen Europäischen Währungsfonds ohne jegliche ökonomische Folgenevaluierung sehen würden, einen Riegel vorschieben wollen. Leider muss man feststellen, dass etwa gerade auch in Kommission und in der Arbeitsgruppe van Rompuy oft politische Beamte und Juristen die Finanzwissenschaftler auf die hinteren Plätze verweisen und Vorschläge unterbreiten, ohne zuvor ein ökonomisches impact assessment durchgeführt zu haben. Allerdings hat auch die Hoffnung in den IWF ihre Grenzen. So hat auch er nur in 20 % „seiner Fälle“ eine Beteiligung der privaten Gläubiger durchgeführt – ein Umstand, auf den Premierminister Juncker es sich nicht nehmen ließ hinzuweisen. Und so spricht der Beschluss der Eurogruppe tatsächlich von der Analyse, dass sich ein Land als zahlungsfähig erweisen sollte als dem „unerwarteten Fall“. Da wird meiner Ansicht nach schon einmal kräftig mit dem politischen Zaunpfahl geschwungen, auch wenn Bundesfinanzminister Schäuble im Europaausschuss versuchte, derartige Befürchtungen zu zerstreuen. Es wäre eben die Sprache der EZB, die hier in die Formulierung mit eingeflossen sei, die Bundesregierung werde dies in der Praxis zur kleinen Münze machen. Ironischerweise versuchte er sogar bei einer kritischen Nachfrage, sich für diese Argumentation Schützenhilfe von seinem Amtsvorgänger Peer Steinbrück, nun Mitglied des Europaausschusses, zu holen: Dieser wüsste doch selbst am besten, wie diese Sachen in Brüssel laufen würden und wo da die Frontlinien verliefen. Die Beteiligung privater Gläubiger würde im Fall einer Staateninsolvenz zur faktischen conditio sine qua non für Hilfen aus dem ESM gemacht werden. Das sind gut gemeinte Worte, sie schaffen es aber nicht, dass durch den Beschluss geweckte Misstrauen darin, wie ernst das Thema der Gläubigerbeteiligung genommen wird, wirklich zu beseitigen.

Falls dann aber doch die Schuldentragfähigkeitsanalyse tatsächlich zu dem Ergebnis kommen sollte, dass ein Fall der Insolvenz vorliegt, eine verpflichtende Gläubigerbeteiligung also greifen würde, hat man glücklicherweise für diesen „unerwarteten Fall" schon vorgesorgt. So werden laut Erklärung der Eurogruppe die Minister „auf dieser Grundlage" über das weitere Vorgehen entscheiden. Was soll dies bedeuten? Bemüht man erst den Fachverstand von Kommission, EZB und IWF, um dann in einem zweiten Schritt – wenn einem das Ergebnis nicht passt – hinwegzusetzen? Damit würde die Gläubigerbeteiligung das Schicksal des Stabilitätspakts als zahnlosen Tiger endgültig teilen. Sollte die Schuldentragfähigkeitsanalyse zu dem Ergebnis kommen, dass ein Fall der Insolvenz vorliegt, dann müssen sich die Mitgliedstaaten hieran auch im Grundsatz festhalten lassen. Die Abstimmung im Rat darf nicht zum Einfallstor für eine endgültige Verhinderung der Gläubigerbeteiligung werden. Um dem entgegenzuwirken, wäre es denkbar in Anlehnung an die Rehn-Vorschläge zur Automatisierung des präventiven Arms des Stabilitätspakts auch hier eine Art Vetoregelung zu finden, die den politischen Druck auf die Mitgliedstaaten erhöht und sie zwingt, sich für eine Abweichung von dem Ergebnis der Schuldentragfähigkeitsanalyse zu rechtfertigen. Aber so wie die Automatisierung im Sande verlaufen ist, wird wohl auch das realpolitisch ohne das nötige Engagement von Deutschland nicht möglich sein. Man wird aber ja wohl noch träumen dürfen.

3) Europäische Finanzhilfen nur als ultima ratio

Und zum Schluss, wirklich erst zum Schluss und in Höhe des Restbetrages, der erforderlich ist, um die akute Solvenzkrise zu entschärfen, soll die europäische Staatengemeinschaft finanziell einspringen. Der neue Krisenmechanismus soll ab 2013 gelten, bis dahin wird der Rettungsschirm für Sicherheit sorgen. Wenn in zwei Jahren die Sparprogramme greifen, dann springt die Konjunktur wieder an und es sinken die Zinsen. Die verschuldeten Länder können ihre Kredite zurückzahlen. Die Staatsschuldenkrisen und damit auch Europa wäre gerettet, und die deutschen Steuerzahler hätten daran sogar verdient.

Deutschland als größter Geldgeber sowohl im jetzigen als auch im künftigen Mechanismus hat zu Recht darauf geachtet, dass es auch in Zukunft bei der Entscheidung über Hilfen nicht überstimmt werden kann. So wird der neue Krisenmechanismus, der ESM, kein Gemeinschaftsinstrument sein, sondern auf den Regelungen des EFSF, also der Zweckgesellschaft beruhen. Aber man darf sich auch hier nicht zu früh freuen. Einstimmigkeit ist eine Medaille mit zwei Seiten: Man kann zwar nicht überstimmt werden, man kann aber auch umgekehrt nichts gegen den Widerstand der anderen Mitgliedstaaten durchsetzen. Inwieweit dies vor dem Hintergrund der vor allem im halben letzten Jahr gemachten Erfahrungen mit den anderen Mitgliedstaaten bei den Themen Automatisierung und Gläubigerbeteiligung langfristig mehr Fluch als Segen für Deutschland sein wird, muss abgewartet werden.

Die dieses Jahr gewachsene Vertrauens- und Gefühlslage gegenüber den Entscheidungen aus Brüssel spiegelte sich in einem Punkt bei der Diskussion um den künftigen Krisenmechanismus mit dem Bundesfinanzminister in der Sitzung des Europaausschusses besonders deutlich wider. Sowohl aus Oppositions- als auch Regierungsfraktionen musste noch einmal ausdrücklich nachgefragt werden, ob der neue ESM ab 2013 denn wirklich nicht nur den EFSF, sondern auch das Gemeinschaftsinstrument des EFSM ablösen würde. Da letzteres im Gegensatz zu dem EFSF eben gerade nicht zeitlich befristet ist bis 2013, hatte man schon das ganze Jahr dieses böse Gefühl im Bauch mit sich herumgetragen, dass die Kommission sich hiermit quasi durch die Hintertür bereits einen „Mini-EWF" eingerichtet hatte. Nach den Vorschriften des EFSM hängt nämlich ironischerweise die Frage seines Fortbestehens über 2013 hinaus zunächst in den Händen der Kommission. Diese soll in regelmäßigen Abständen evaluieren, ob seine Existenz für die Stabilität der Währung weiterhin erforderlich ist. Ein Auftrag, dessen Ergebnis man sich an fünf Fingern ausrechnen kann. Durch Regierungskreise wurde zwar bereits versichert, dass der ESM auch den EFSM ablösen würde, aber man traute dem Braten nicht ganz – denn (Zufall oder nicht) in der Erklärung der Eurogruppe ließ sich dazu nichts finden. Dies kann man mit dem formalen Einwand entkräften, dass schließlich auch Nicht-Euroländer Zahler des EFSM seien, die Entscheidung hierüber also vom ECOFIN hätte erklärt werden müssen, aber man wollte dann doch auf Nummer sicher gehen und noch einmal nachhaken. Der Bundesfinanzminister versicherte, dass die Abschaffung des EFSM impliziter Bestandteil der Entscheidung für den ESM sei. Dieses Versprechen ist mittlerweile, Gott sei Dank, zur Tatsache geworden.

3.2 Governance statt Gouvernement: Wirtschaftspolitische Koordinierung mit europäischem Mehrwert

Die währungs- und wirtschaftspolitische Krise hat nicht nur die Folgen unzureichender nationaler Haushaltskontrolle auf die übrigen Mitglieder der Währungsunion aufgezeigt, sondern darüber hinaus auch die eines steigenden Wettbewerbsgefälles im Rahmen der EU.[41] In der wirtschaftspolitischen „Überwachung" ist es bisher nicht gelungen, strukturpolitisch bedingte Ungleichgewichte und Wett-

41 Vgl. hierzu Abbildung 13 (Anhang).

bewerbsschwächen einzelner Mitgliedstaaten ausreichend transparent zu machen. Es gibt kein ausreichendes Frühwarnsystem. Zudem divergieren die nationalen wirtschaftspolitischen Leitlinien teilweise stark. Dies führt zu unterschiedlichen wettbewerbsrechtlichen Situationen und kann im schlimmsten Fall zu strukturellen Fehlentwicklungen in den einzelnen Ländern führen. Um die Schuldenkrise einiger EU-Staaten zu überwinden, muss die Wettbewerbsfähigkeit verbessert werden, sonst kann es nicht zu notwendigen Entscheidungen kommen.

Sollte Deutschland weniger exportieren, aber den Konsum stimulieren, wie es einige geraten haben? Neben Teilen der französischen Regierung lässt auch die deutsche Opposition in ihrer staatsfixierten Weltsicht bei Seite, dass unser Wirtschaftsmodell nicht unbedingt Ergebnis einer wirtschaftspolitischen Strategie, sondern der Entscheidungen von Unternehmen, Arbeitnehmern und Konsumenten in Deutschland und weltweit ist. Wenn die Lohnkosten in Deutschland zu hoch wären, würde vor allem woanders produziert, z.B. in Asien. Es mache daher wenig Sinn, die deutsche Wettbewerbsfähigkeit zu opfern, um die Euroländer einander anzugleichen, da es dann Europa als Ganzes nicht besser gehen würde.

Deutschland ist vom »kranken Mann Europas« (so der britische Economist 2005) zum Land eines neuen Wirtschaftswunders (so dasselbe Magazin 2010) aufgestiegen. Die Arbeitskosten in Deutschland sind wie bereits erwähnt, in den vergangenen Jahren zwar weniger stark gestiegen als beispielsweise in Südeuropa, doch sie waren zuvor auch ziemlich hoch gewesen und sind es immer noch im Vergleich. Gerade in den Exportsektoren wird übrigens tendenziell besser bezahlt, wenig Geld gibt es vor allem in den weniger exportorientierten Dienstleistungsbranchen. Die deutsche Wettbewerbsfähigkeit ist sowieso weniger auf Lohnkostenvorteile als vielmehr auf qualitative Vorteile zurückzuführen, die nicht nur mit Kosten zu tun haben: Auf eine attraktive Produktpalette, auf sektorale und geographische Spezialisierung der Exportwirtschaft, Innovationsfähigkeit und Reaktionsfähigkeit auf Veränderungen der weltweiten Nachfrage, eine diversifizierte Industriestruktur sowie ein leistungsstarker Mittelstand.

Die zunehmende wirtschaftspolitische Heterogenität stellt nicht nur für die gemeinsame Währungspolitik der Mitglieder der Eurozone, sondern auch für die Bemühungen um eine Stärkung der EU als globalen Wirtschaftsstandort ein Hemmnis dar. Das immer größer gewordene Wettbewerbsgefälle und die makroökonomischen Ungleichgewichte haben gerade die EU-Wirtschaft besonders anfällig für die Folgen der globalen Finanz- und Wirtschaftskrise gemacht. Letztlich stellte die später einsetzende Währungskrise einen spill over Effekt einer schon lange schwelenden europäischen Wettbewerbskrise dar. Versuche mittels der Lissabon-Strategie dieser Entwicklung entgegenzuwirken müssen als gescheitert be-

trachtet werden. Auch die neue EU 2020-Strategie wird in ihrer beschlossenen Form dem wenig entgegenzusetzen haben.
Eine Volkswirtschaft aber, die kontinuierlich an Anpassungs- und Wettbewerbsfähigkeit verliert, wenn etwa die Leistungsfähigkeit der Volkswirtschaft längere Zeit hinter den Einkommensansprüchen zurückbleibt, oder auf den Güter-, Dienstleistungs- und Arbeitsmärkten die notwendigen strukturellen Reformen unterbleiben, wird im globalen Wettbewerb langfristig das Nachsehen haben. In einer Währungsunion ist die realwirtschaftliche Anpassungsfähigkeit wegen des fehlenden Wechselkursmechanismus lediglich umso mehr erforderlich. Und in Ländern mit bereits eingetretenen fiskalischen Schieflagen ist eine jeweils passgenaue Wachstumsstrategie mit wirtschaftlichen Reformen zur Steigerung von Wettbewerbsfähigkeit und Wachstumspotenzial zu entwickeln. Hierzu zählen in der Regel verstärkter Wettbewerb und Marktöffnung (Vollendung des Binnenmarkts), Strukturreformen, Abbau von Regulierungen und Bürokratie, Verschlankung des Staates, Reform der Bildungssysteme und der Systeme der Alterssicherung. Der Vorschlag eines Paktes für Wettbewerbsfähigkeit geht also grundsätzlich in die richtige Richtung.

Die Wettbewerbsfähigkeit der EU als solche steht somit auf dem Prüfstand.

Klar ist, dass entscheidende Impulse nur auf europäischer Ebene gesetzt werden können, um die Wettbewerbsfähigkeit der EU als globalen Standort zu festigen und weiter auszubauen. Deutschland muss hier europapolitisch in der Diskussion vorangehen, damit es nicht länger als Nein-Sager wahrgenommen wird, wenn es darum geht, europäische Lösungen zu finden. Insofern war die Initiative der Kanzlerin richtig, auch wenn das Vorgehen und die intergouvernementale Methode fragwürdig sind.

Beispielsweise könnte durchaus aus der Debatte um Eurobonds der Druck genommen werden, wenn Deutschland ernsthaft die Möglichkeit der von Barroso und Oettinger vorgeschlagenen EU-Projektanleihe prüfen lassen würde. Die Argumentation für von EU und Europäische Investitionsbank (EIB) gemeinsam aufgelegten Anleihen lässt sich nämlich durchaus hören. In der EU besteht derzeit ein riesiger Investitionsbedarf, gerade für europäische Infrastrukturprojekte. Das gilt vor allem für den Ausbau der Energienetze. Die Mitgliedstaaten können die Finanzierung aber aufgrund der notwendigen Schuldenkonsolidierung nicht stemmen. Gleichzeitig funktioniert aber auch die klassische private Finanzierung solcher Projekte nicht mehr wie bisher: Früher haben Banken Kredite gewährt; institutionelle Investoren, etwa Pensionsfonds, haben die von den Projektgesellschaften aufgelegten Anleihen gekauft. Diese waren wiederum durch Anleihenversicherer, sogenannte Monoliners, abgesichert. Deren Rating hat sich in der Krise deutlich verschlechtert, entsprechend unattraktiver ist dieses Finanzierungsmodell geworden. Die Befürworter von EU-Projektanleihen sehen hierin die Erschließung zusätzlicher Finanzierungsquellen. Die exzellente Bonität der EIB und des EU-

Haushalts könnte dafür genutzt werden, um risikobehaftete private Investitionen besser abzusichern, also die Bonität privater Anleihen für die Infrastrukturprojekte zu verbessern.

Letztlich ist dieser Ansatz auch nicht neu. Schon jetzt arbeitet die EIB in ähnlichen Finanzierungsmodellen eng mit der EU-Kommission zusammen, um zusätzliches privates Kapital zu aktivieren. Ein Beispiel ist die Fazilität für Finanzierungen auf Risikoteilungsbasis (RSFF), mit der schon jetzt risikoreiche, aber förderungswürdige Forschungsprojekte finanziert werden. Dabei stellen der EU-Haushalt und die EIB je eine Milliarde Euro für Finanzierungen mit hohem Risikoprofil zur Verfügung. Jeder Euro aus diesen Mitteln zieht im Durchschnitt die Bereitstellung von RSFF-Darlehen und -Garantien jeweils in Höhe von 10 Euro nach sich. So lassen sich mit nur einer Milliarde Euro aus dem EU-Haushalt zusätzliche 20 Milliarden Euro an Investitionen für Forschung und Entwicklung finanzieren – ein Hebeleffekt also. Wenn immer vom europäischen Mehrwert gesprochen wird – hier gibt es ihn tatsächlich. Natürlich muss auch hierfür erst mal das entsprechende Geld im EU-Haushalt bereit gestellt werden. Aber Deutschland könnte hier aktiv in den nun anstehenden Verhandlungen für die nächste mittelfristige Finanzplanung von 2014 die verschiedenen Möglichkeiten ausloten – und damit nebenbei sein angeschlagenes Image wieder aufpolieren.

Im Fokus der momentanen Debatte steht nach den Vorschlägen der EU-Kommission daneben aber auch klar die Ausweitung der in den Verträgen ohnehin schon vorgesehenen, in der Vergangenheit jedoch zu oft vernachlässigten Koordinierung der struktur- und wirtschaftspolitischen Leitlinien in den Mitgliedstaaten. Sicherlich kann hierdurch ein positiver Druck auf die Mitgliedstaaten mit geringer Wettbewerbsfähigkeit ausgeübt werden. Alleine damit wird aber wahrscheinlich der nötige Quantensprung nicht erreicht werden können. Es bedarf auf europäischer Ebene eines generellen und vor allem kohärenten Ansatzes, der auf den einzelnen Politikfeldern dem Ziel der Stärkung der Wettbewerbsfähigkeit wieder mehr Gewicht verleiht. Dabei ist vor allem an Maßnahmen auf den Gebieten Binnenmarkt, Wettbewerbspolitik sowie Struktur- und Kohäsionspolitik zu denken.

Gleichzeitig muss den Mitgliedstaaten unter den Aspekten von Subsidiarität und nationaler Souveränität aber auch Raum für eigene wirtschaftspolitische Grundentscheidungen gelassen werden. Hier gilt es einen vernünftigen Ausgleich zu finden.

Ein Ausbau der struktur- und wirtschaftspolitischen Koordinierung ist als Beitrag zur Stärkung der Wettbewerbsfähigkeit unabdingbar.

Es besteht Konsens darüber, dass es aus oben dargelegten Gründen einer verstärkten Koordinierung der nationalen Wirtschaftspolitiken bedarf. Dabei muss aber sichergestellt sein, dass es sich um eine Koordinierung in die richtige Richtung handelt, dass also die Koordinaten stimmen.

Auf den weltweiten Märkten der Zukunft entscheidet sich, ob und wie sich Europa als Ganzes behauptet. Bei Maßnahmen und Programmen zur Steigerung der Wettbewerbsfähigkeit in den Ländern der Eurozone darf die Orientierung daher nicht an Europa-zentrierten Durchschnittswerten erfolgen. Maßstab müssen vielmehr die internationalen Wettbewerber im OECD-Raum sein. Es kann nicht Ziel einer wirtschaftspolitischen Koordinierung sein, Anstrengungen einzelner Mitgliedsstaaten auf dem Gebiet der Wettbewerbsfähigkeit mit Empfehlungen und Mahnungen abzustrafen und auf ein europäisches Einheitsniveau zurückzudrehen. Damit wäre niemandem geholfen, erst recht nicht dem Wirtschaftsstandort Europa.

Ob dies aktuell die Diskussionen um die Mutterschutzrichtlinie oder die steuerrechtliche Harmonisierung auf europäischer Ebene betrifft: Ich bin skeptisch gegenüber wirtschaftspolitischen Entscheidungen und Vorgaben - mögen sie aus Brüssel oder Berlin kommen - nach dem Motto „One Size fits all". Ob man es makroökonomische Überwachung oder Pakt für Wettbewerbsfähigkeit nennt: Es muss den Mitgliedstaaten, insbesondere den kleineren unter ihnen ein gewisser Spielraum gelassen werden, der den unterschiedlichen Situationen der Mitgliedstaaten vor Ort gerecht wird. Dies gilt gerade für die politisch sensiblen Bereiche der Lohn- und Tarifpolitik. Gerade die EU-Kommission sollte hier eine gewisse Zurückhaltung üben. Sie sollte besser nur dann tätig werden, wenn von den politischen Entscheidungen eines Mitgliedstaates klar die europäischen Grundzüge der Wirtschaftspolitik betroffen sind und ein negativer Effekt auf die Wettbewerbsfähigkeit des EU-Raums als solchen festgestellt werden kann. Dies gilt umso mehr für solche Politikfelder, auf denen der EU keine oder eine nur sehr eingeschränkte Gesetzgebungsbefugnis zukommt. Hier muss das Prinzip der nationalen Eigenverantwortung respektiert werden. Dies steht der Abgabe von unverbindlichen Empfehlungen natürlich nicht im Wege.

Ohne Zweifel haben einige Mitgliedsstaaten Probleme, bei dem wirtschaftspolitischen Tempo, das andere Mitgliedstaaten vorlegen, mitzuhalten. Die Konsequenz hieraus muss jedoch die Motivation sein, von den wirtschaftlich stärkeren Ländern zu lernen und seine eigene Wettbewerbsfähigkeit zu stärken. Eine Koordinierung nach den schwächeren Mitgliedstaaten oder gar Nivellierung („race to the bottom") würde nicht nur gegen das Prinzip des realen Wettbewerbs verstoßen, sondern würde auch damit letztlich die externe Wettbewerbsfähigkeit der Eurozone und EU schwächen.

Aus den gemachten Erfahrungen in den letzten Jahren muss der Schluss gezogen werden, dass eine gewisse institutionelle Verankerung der struktur- und wirtschaftspolitischen Koordinierung unabdingbar ist. Denn letztlich wird der Europäische Rat über zu treffende Maßnahmen und Vorkehrungen entscheiden. Hierzu wird er jedoch künftig - wie auf anderen Politikfeldern auch – auf eine gewisse institutionelle Vorarbeit angewiesen sein, um sich ein besseres Bild der Sachlage machen zu können. In dem Bestreben bereits bestehende Strukturen zu nutzen, bietet es sich an, den bisherigen Ratsformationen (ECOFIN und EPSCO) eine dritte Säule hinzuzufügen, die die finanz- und beschäftigungspolitische Koordinierung um eine wirtschafts- und strukturpolitische Koordinierung ergänzt. Für diese Aufgabe sollte der Wettbewerbsfähigkeitsrat ausgebaut werden. Dies wäre logisch konsequent. Da der Wettbewerbsfähigkeitsrat auch die Koordinierung der „EU 2020"-Strategie durchführt, könnte hierdurch Kohärenz und ein Synergieeffekt gewährleistet werden.

Es ist klar, dass eine verstärkte Koordinierung, wenn sie effektiv sein soll, sich nicht in der Überwachung der nationalen Haushalte erschöpfen darf, sondern darüber hinaus vorliegenden Reformstau und konjunkturelle Fehlentwicklung anhand eines klaren benchmarking- und best practice-Systems klar benennen muss.

Gleichzeitig müssen dabei aber auch das Subsidiaritätsprinzip und das Kompetenzgefüge in der EU respektiert werden. Hier gilt es einen vernünftigen Ausgleich zu finden. Dies bedeutet ein „Ja" zu wirtschaftlicher Koordinierung – aber „nein" zu einer Wirtschaftsregierung im Sinne einer Detailsteuerung von Einzelmaßnahmen.

Letzeres ist schon einmal im Rahmen der Lissabon-Strategie versucht worden und gescheitert. Dies ist auch kein Wunder, denn der Ansatz, über kleinteiligste Indikatoren - im Rahmen der Lissabon-Strategie waren dies weit über 117 verschiedene! - Orientierungen oder sogar Vorgaben für die einzelnen Volkswirtschaften zu geben war schon in der Grundanlage falsch. Denn diese sind bereits von ihrer Struktursituation überaus unterschiedlich. Deutschland hat beispielsweise einen Industrieanteil von 25 %, Frankreich von lediglich 14 %. Darüber hinaus fallen die Größenordnungen der Unternehmenslandschaft und die Strukturen innerhalb der unterschiedlichen Industrien verschieden aus. Man kann sich auf europäischer Ebene darauf verständigen, was die Rahmenbedingungen für Wachstum sind, also Wachstumstreiber, aber die Fein- und Detailsteuerung einzelner Maßnahmen muss sowohl unter sachlichen als auch rechtlichen europarechtlichen Aspekten auch weiterhin den Mitgliedstaaten vorbehalten bleiben. Ob dies aktuell die Diskussionen um die Mutterschutzrichtlinie oder die steuerrechtliche Harmonisierung auf europäischer Ebene betrifft: Ich bin skeptisch gegenüber wirtschaftspolitischen Entscheidung und Vorgaben nach dem Motto „One Size fits all". Die EU-Kommission sollte besser nur dann tätig werden, wenn von den politischen Entscheidungen eines Mitgliedstaates klar die europäischen Grundzüge der Wirtschaftspolitik betroffen sind und ein negativer Effekt auf die Wettbewerbsfähigkeit des EU-Raums als solchen festgestellt werden kann. Dies gilt umso mehr für solche Politikfelder, auf denen der EU keine oder eine nur sehr eingeschränkte Gesetzgebungsbefugnis zukommt. Hier muss das Prinzip der nationalen Eigenverantwortung respektiert werden. Dies steht der Abgabe von unverbindlichen Empfehlungen natürlich nicht im Wege.

Dies vorausgeschickt, geht es bei der wirtschaftspolitischen Koordinierung nicht darum, einzelne Länder an den Pranger zu stellen, sondern ihnen konkreten Erfahrungsaustausch und praktische Hilfe anzubieten. Allerdings muss auch klar sein, dass ein langfristig fehlgerichteter wirtschaftspolitischer Kurs, der mit den europäischen Grundzügen der Wirtschaftspolitik bzw. den integrierten Leitlinien unvereinbar ist, nicht ohne Konsequenzen bleiben kann. Es bedarf somit ohne Zweifel einer korrektiven Komponente.[42]

Aus Brüssel ausgesprochene Warnungen und Empfehlungen können in diesem Zusammenhang den notwendigen politischen Druck erzeugen („naming und shaming"), um wieder einen positiven wettbewerbsrechtlichen und wirtschaftspolitischen Wettbewerb unter den Mitgliedstaaten zu eröffnen. Benchmarking statt zentralistischer Planwirtschaft muss also das Motto sein.

Allerdings ist der Vorschlag der Europäischen Kommission, diese korrektive Komponente mit einem Durchgriffscharakter zu versehen, namentlich mit Sanktionen auszustatten aus mehreren Gründen durchaus kritisch zu bewerten.

Es ist fraglich, ob überhaupt schon ein fehlerfreier und vollständiger Indikatorenansatz gefunden werden kann, der einen solchen Sanktionsmechanismus rechtfertigen könnte.

Die Europäische Kommission schlägt einige Kriterien vor, die zwar durchaus einen sinnvollen und im übrigen auch nicht unbekannten Indikatorenansatz mit einer gewissen Indizwirkung umfassen. Hierzu gehören neben dem Schuldenstand eines Landes, der ja schon im Rahmen des finanzpolitischen Arms des Stabilitäts und Wachstumspakts mehr Beachtung bekommen soll, auch seine Leistungsbilanz, seine Nettoauslandsposition sowie der Anstieg der realen Hauspreise. Allerdings hält auch die Europäische Kommission diese Indikatoren nicht für abschließend. So gilt es etwa, für Nicht-Mitglieder des Euroraumes zusätzliche Indikatoren wie etwa den real effektiven Wechselkurs auf der Grundlage von Lohnstückkosten und BIP-Deflator zur Beurteilung heranzuziehen. Aber auch bei den für beide – Mitglieder und Nicht-Mitglieder des Euroraumes – im Grundsatz anwendbaren Indikatoren ergeben sich Schwierigkeiten. Denn keinesfalls können hier die gleichen Schwellenwerte gewählt werden. Generell gilt, dass Schwellenwerte für Euroländer sensibler angesetzt werden sollten als für die restlichen Mitgliedstaaten. Dies ergibt sich bereits aus der den Euromitgliedern fehlenden Möglichkeit der Währungsabwertung, um an Wettbewerbsfähigkeit zu gewinnen. Zudem sind die Kapitalmärkte innerhalb des Euroraums stärker integriert, so dass eine Ansteckung anderer Euroländer wahrscheinlicher ist. Die Festlegung aussagekräftiger Schwellenwerte wäre somit für die Europäische Kommission ein dickes Brett, das es zu bohren gelte.

42 Für die Vorschläge der Europäischen Kommission für einen Warnmechanismus vgl. Abbildung 14 (Anhang).

Selbst falls man aber die Möglichkeit eines abschließenden Indikatorenansatzes einschließlich aussagekräftiger Schwellenwerte bejaht, ist es zweifelhaft, ob die Europäische Kommission damit wirklich in der Lage sein wird, hieraus auch die richtigen Schlüsse zu ziehen. Nur weil das Fieberthermometer ausschlägt, weiß man noch lange nicht um die zugrundeliegende Krankheit des Patienten.

Exemplarisch zeigt sich dieses Problem bei dem Versuch, Preisblasen auf den Immobilienmärkten oder anderen Kapitalanlagemärkten zu erkennen. Schon seit einiger Zeit versuchen Zentralbanken, Banken und Versicherungen anhand der beschriebenen Kriterien solche Blasen aufzuspüren – ohne Erfolg. Warum sich dies die Europäische Kommission nun anhand der selben Kriterien zutraut, diese Frage bleibt offen.

Gerade für Deutschland kann auch ein anderes prominentes Beispiel für diese Problematik herangezogen werden: Der Handelsbilanzüberschuss. Ein solcher kann unproblematisch festgestellt werden. Allerdings ist unter Ökonomen keineswegs unumstritten, welche Ursachen ihm zugrundeliegen: Eine starke Wettbewerbsfähigkeit, die sich eben vornehmlich durch einen starken Exportanteil ausdrückt (so wohl die Ansicht der Europäischen Kommission) oder schlichtweg die Tatsache, dass die Investitionsmöglichkeiten in Deutschland von potentiellen ausländischen Investoren als nicht attraktiv genug eingeschätzt werden.

Zudem scheint für manche Entwicklungen in einer Marktwirtschaft, die letztlich zu einem makroökonomischen Ungleichgewicht führen können, der Mitgliedstaat der falsche Adressat einer aus Brüssel kommenden Sanktion. Prominentes Beispiel ist hierbei etwa die Lohnpolitik. Ohne Zweifel kann der Mitgliedstaat diese für den privatwirtschaftlichen Sektor zumindest mittelbar beeinflussen, beispielsweise durch die Erhöhung der Löhne im öffentlichen Dienst als Orientierungsmaßstab für den Privatsektor. Es stellt sich aber aus liberaler Sicht die Frage, wie stark der Staat von einem solchen Mittel in einer Marktwirtschaft mit Tarifautonomie wirklich Gebrauch machen sollte.

Jetzt ist der richtige Zeitpunkt, die EU-Wirtschaft zurück auf einen nachhaltigen Wachstumspfad zu führen. Die an einer Stärkung der Wettbewerbsfähigkeit orientierte wirtschafts- und strukturpolitische Koordinierung kann hierfür sicherlich einen Beitrag leisten, allerdings bedarf es darüber hinaus auf europäischer Ebene eines generellen und vor allem kohärenten Ansatzes, der auf den einzelnen Politikfeldern dem Ziel der Stärkung der Wettbewerbsfähigkeit der EU-Wirtschaft wieder mehr Gewicht verleiht. Gerade die Europäische Kommission kann mittels ihres Initiativrechts die hierfür erforderlichen Impulse setzen.

Zentral muss es hierbei vor allem um die Verfolgung einer zukunftsgerichteten Wettbewerbspolitik gehen, mit der man einen stabilen Ordnungsrahmen schafft, in welchem sich die europäischen Unternehmen unterschiedlicher Größe bewegen und an die sich verändernden Bedingungen des Weltmarktes anpassen können.

In Anbetracht der signifikanten regionalen und sektoralen Unterschiede in der Entwicklung der Produktivitätsraten in den Mitgliedsstaaten der Euro-Zone und der EU insgesamt wird immer wieder die Einführung automatischer finanzpolitischer Stabilisatoren gefordert. Die Einführung einer solchen Form von Länderfinanzausgleich auf europäischer Ebene ist strikt abzulehnen. Stattdessen sollten die bereits vorhandenen Förderinstrumente der Kohäsions-, Struktur- und Regionalförderung besser als bisher für eine makroökonomische Stabilisierung genutzt werden. Hierzu ist eine Reform der EU-Kohäsionspolitik erforderlich, die sich an einer stärkeren Ausrichtung auf die Stärkung der Wettbewerbsfähigkeit, der Förderung von Forschung und Innovation sowie der Existenzgründung und Unterstützung für kleine und mittlere Unternehmen orientiert. Die Europäische Kommission hat in ihrem Bericht zur Budgetreview nicht ausreichend Stellung genommen, ob sie all diese Ziele als besonders förderungswürdig beurteilt. Sie spricht lediglich allgemein von der Förderung von Zukunftsinvestitionen und von der Überprüfung des Einsatzes von Mitteln auf ihren europäischen Mehrwert hin. Es wäre wünschenswert gewesen, wenn die Europäische Kommission verstärkt und konkret auf die Bedürfnisse der Wirtschaft in ihren Vorschlägen Bezug genommen hätte.

Gleiches gilt für die Vorschläge der Europäischen Kommission auf dem Gebiet des Binnenmarktes. Gerade die Wirtschafts- und Finanzkrise hat den Binnenmarkt vor neue Herausforderungen gestellt. Der Binnenmarkt bleibt aber das wirtschaftliche Fundament und Rückgrat der Europäischen Union und kann in dieser Funktion gerade jetzt in Krisenzeiten dazu beitragen, die Produktivität und Konkurrenzfähigkeit der Europäischen Union zu stärken.

Dazu müssen auf der europäischen Ebene die richtigen Akzente auf diesem Politikfeld gesetzt werden. Diese können insbesondere auch manchmal darin bestehen, von einer Regelung auf europäischer Ebene abzusehen. Eine Überregulierung des Binnenmarktes werden die Nationalstaaten mehr und mehr als Wettbewerbshemmnis empfinden und sich wieder vermehrt einem Protektionismus zuwenden. Bereits heute klagen manche europäische Firmen, die weltweit tätig sind, über die harmonisierten hohen Standards (beispielsweise im Bereich Umwelt und Beschäftigung) und sehen hierin für sich oft einen Wettbewerbsnachteil. Wir können auf hohe Standards stolz sein. Sie stehen im In- und Ausland für Qualität und Zuverlässigkeit. Allerdings dürfen sie keine Bremsklötze für die europäische Wirtschaft auf dem internationalen Handelsplatz darstellen. Daher muss - auch für die Europäische Kommission - das langfristige Ziel lauten, nicht nur Güter und Waren, sondern auch die eigenen Standards zu exportieren.

Die für 2012 geplante Umsetzung des „Single Market Act“ kann eine echte Chance sein, die Binnenmarktpolitik neu auszurichten und der Wettbewerbsfähigkeit der EU einen neuen Schub zu verleihen. Schon geringe Impulse können dabei einen spürbaren Effekt haben. So würde etwa der Ausbau der gegenseitigen Anerkennung von Verwaltungsdokumenten innerhalb der EU eine ganz praktische und auch spürbare Entlastung kleiner und mittlerer Unternehmen bewirken. Dagegen sind einige Vorschläge der Europäischen Kommission durchaus kritisch zu bewerten. Dies gilt etwa für die Einführung einer Sammelklage für Verbraucher auf europäischer Ebene, Bestrebungen im Rahmen der Steuerkoordinierung sowie eine Ausdehnung des Vergaberechts als ein Instrument für allgemeine politische Ziele wie den Klimaschutz, Energieeffizienz und soziale Aspekte. Solche Vorschläge fokussieren sich zu sehr auf den Verbraucher als Teilnehmer des Binnenmarktes und lassen dabei die damit verbundenen Erschwernisse für die europäische Wirtschaft außer Acht.

Auch die Verhandlungen über den neuen Finanzrahmen ab 2014 müssen von diesen Überlegungen geprägt sein und weniger von Besitzstandsdenken. Anstatt große Mittel des EU-Haushalts für die Gemeinsame Agrarpolitik zu verwenden, sollten mehr Mittel für die zukunftsorientierten Themen wie Forschung und Innovation frei gemacht werden. Denn die Höhe der landwirtschaftlichen Flächenprämie wird nicht über die Zukunftsfähigkeit und damit das Wohl und Wehe des Wirtschaftsraums EU entscheiden.

Die Stärkung der Wettbewerbsfähigkeit muss als eines der Leitziele europäischer Politik definiert und bekräftigt werden. Nur so wird Europa auf dem Weltmarkt langfristig bestehen können. Dies ist keineswegs ein neoliberaler Ansatz. Die Stärkung der Wettbewerbsfähigkeit ist untrennbar mit dem Erhalt und Ausbau des Wohlstands in Europa verbunden und ist damit Politik für die Bürger.

Der aktuelle Vorstoß von Deutschland und Frankreich hinsichtlich eines Paktes für Wettbewerbsfähigkeit zielt in die richtige Richtung. Allerdings ist das Vorgehen einmal mehr als unglücklich zu bezeichnen. Offensichtlich hat man aus der Reaktion auf Deauville nicht genügend den Schluss gezogen, dass die Zeit einer deutsch-französischen Direktoriumspolitik in einer EU mit 27 Mitgliedstaaten endgültig zu Ende ist. Aber nicht nur auf dem politischen Parkett in Brüssel hat der erneute deutsch-französische Vorstoß einmal mehr für Unmut gesorgt und dem - eigentlich guten - Ansinnen von Deutschland geschadet. Zudem kann ein rein intergouvernementaler Ansatz langfristig keine Lösung sein. Nicht die Staats- und Regierungschefs, sondern der Wettbewerbsfähigkeitsrat muss hier entscheiden.

Auch in Berlin mehren sich zunehmend die Stimmen, die das innerhalb der Bundesregierung unabgestimmte Voranpreschen kritisieren. Mit ihrem Vorgehen gibt die Kanzlerin der Opposition den Vorwand, europapolitisch die Regierung anzugreifen. Sie düpiert die kleineren Mitgliedstaaten, die noch von der Regierung Kohl und Genscher als europäische Partner im Entscheidungsprozess ernst genommen wurden. Zudem muss die Regierung auch den Deutschen Bundestag, der vom Bundesverfassungsgericht einen klaren Auftrag erhalten hat, bei solchen Entscheidungen mit weitreichenden Auswirkungen auf die nationale Wirtschafts- und Sozialpolitik angemessen beteiligen. Wenn all diese Bedenken nicht ernst genug genommen werden, dann läuft die deutsche Europapolitik Gefahr, in Brüssel nicht mehr mehrheitsfähig zu sein. Das wäre fatal, denn bislang hat genau diese Politik die in der Welt hoch angesehenen deutschen Tugenden in den europäischen Einigungsprozess transportiert. Dies muss auch weiterhin ein Ziel der deutschen Europapolitik bleiben. Gerade bei dem wichtigen Thema der Wirtschafts- und Währungsunion gilt es die deutsche Stabilitätskultur als europäisches Leitbild zu festigen. Dies wird aber nur gelingen, wenn man sich an die in Brüssel geltenden Spielregeln hält und nicht nach einer rein intergouvernementalen Direktoriumsmethode verfährt.

3.3. Was in Deutschland zu tun ist

Eine langfristige Durchbrechung der Schuldenspirale wird nur durch eine grundlegende Neuausrichtung der nationalen Haushalts- und Wirtschaftspolitik geschehen. Deutschland muss auch hier einmal mehr seiner Verantwortung als Vorbild in Europa nachkommen. Sparsamkeit ist daher das Gebot der Stunde.

Das mittlerweile verabschiedete Sparpaket geht in die richtige Richtung. Es verlangt übrigens bei weitem nicht die gleiche Disziplin, die man bei Griechenland anmahnt und bleibt auch hinter Sparpaketen im sonstigen europäischen Vergleich wie beispielsweise England zurück. Um rund 80 Milliarden Euro will die christlich-liberale Koalition den Haushalt bis 2014 entlasten. Damit will der Bund sein strukturelles Defizit ab 2011 um 0,5 % pro Jahr zurückführen, um die Vorgabe der Schuldenbremse zu erfüllen. Spätestens im Jahr 2013 wird Deutschland damit wieder den Europäischen Stabilitäts- und Wachstumspakt einhalten. Mit dem Sparpaket zieht die Bundesregierung die Konsequenzen aus der Euro-Krise und der wachsenden Staatsverschuldung. Subventionen werden abgebaut, die Verwaltung verschlankt, die Finanzbranche durch die Bankenabgabe an den Krisenkosten beteiligt und der Sozialstaat stabilisiert.

Der FDP ist es gelungen, die von allen anderen Parteien geforderten Steuererhöhungen für den Mittelstand zu vermeiden. Allerdings trägt auch die Wirtschaft dort wo es möglich ist ihren Beitrag zur Haushaltskonsolidierung bei. Die neue Brennelementesteuer, die ab 2011 rund 2,3 Milliarden Euro pro Jahr einbringen soll, stellt einen Beitrag der Energiewirtschaft da, die von der Verlängerung der Laufzeiten auch profitieren wird. Ab sofort wird für Flüge ab 2011 eine Luftverkehrsabgabe je nach Entfernung von 8, 25 oder 45 Euro erhoben. Diese Steuer soll aber wieder gesenkt werden, wenn der Flugverkehr europaweit ab 2012 schrittweise in den Emissionshandel einbezogen wird. Trotz all der Sparanstrengungen verliert die Koalition jedoch nicht die notwendigen Investitionen in die Zukunft aus dem Blick. Die Ausgaben für Bildung und Forschung sollen von 2010 bis 2013 um insgesamt zwölf Milliarden Euro erhöht werden. Damit werden unter anderem das Stipendienprogramm und die Bildungsförderung bedürftiger Kinder finanziert. Schon jetzt wird mehr als die Hälfte des Bundeshaushalts für soziale Zwecke ausgegeben, mehr als jemals unter der Regierung aus SPD und Grünen. Insofern ist die Kritik der „sozialen Schieflage" der Opposition inhaltlich völlig unbegründet. Der Staat, die Bürger und die Unternehmen geben so viel Geld für soziale Leistungen wie nie zuvor. Die Ausgaben etwa für Rente, Gesundheit, Pflege, Arbeitslosengeld, Lohnfortzahlung und Familienpolitik steigen bis 2012 auf 790 Milliarden Euro. Das geht aus dem Sozialbericht der Bundesregierung hervor, den der ehemalige Arbeitsminister Olaf Scholz (SPD) 2009 vorstellte. Selbst die skandinavischen Länder Schweden und Dänemark geben übrigens prozentual weniger für den Sozialbereich aus als Deutschland, dass mit Frankreich zusammen weltweit an der Spitze bei den Sozialausgaben liegt.

Gegen eine linke Neuverschuldungspolitik in Zeiten der Krise

Die Alternative zur Politik der wirtschaftlichen Vernunft und Haushaltskonsolidierung der christlich-liberalen Koalition ist eine Mischung aus mehr Sozialausgaben, Steuererhöhungen und mehr Verschuldung. Gerade die politische Linke in Deutschland will aus konjunkturellen Gründen immer neue Schulden machen und verdrängt gerne diesen Teil. Wer aber nicht spart, wird die Kaufkraft der Bürger langfristig schmälern, denn sie zahlen mit steigenden Steuern und Sozialabgaben die Zeche! Sollte es gar zur Inflation kommen, trifft dies die sozial Schwachen noch stärker. Daher ist klar, dass die Haushaltskonsolidierung mittel-und langfristig nicht nur ökonomisch, sondern auch sozial notwendig ist.

Bündnis 90/Die Grünen und die SPD haben in NRW und mit den auf ihren Parteitagen Ende 2010 gefassten Beschlüssen einmal mehr bewiesen, dass sie aus der Finanzmarktkrise und der Eurokrise nichts gelernt haben.

Nachdem sich die Grünen nicht nur gegen Stuttgart 21, sondern auch gegen Olympia 2018 in Deutschland ausgesprochen haben, wurden auf dem Parteitag in Freiburg weitere Beschlüsse gefasst, die klar zeigen, wie weit sich die Grünen wieder nach links bewegen. Obwohl das Bundesverfassungsgericht das rot-grüne Hartz IV-Gesetz kassiert hat, weil die Berechnung der Regelsätze keine klare Grundlage hat, fordern die Grünen weiterhin eine massive Erhöhung des Regelsatzes auf 420 Euro. Bezahlen soll dies die Mittelschicht. Die Grünen wollen den Spitzensteuersatz anheben, das Ehegattensplitting abbauen, die Gewerbesteuer auf Freiberufler ausweiten, die kostenlose Mitversicherung von nicht berufstätigen Ehepartnern weitgehend abschaffen. Der privaten Krankenversicherung soll durch die geplante Einführung einer Bürgerversicherung langfristig abgeschafft werden. Mit der radikalen Total-Umstellung auf erneuerbare Energien bis 2030 im Industrieland Deutschland werden explodierende Energiepreise für Verbraucher und Wirtschaft von den Grünen gerne in Kauf genommen.

Auch die Sozialdemokraten verharren im Jahr der Eurokrise in ihren alten Denkmustern. Die Beschlüsse des Ende September 2010 in Berlin abgehaltenen Bundesparteitags lesen sich wie aus einer längst überwunden geglaubten Zeit der deutschen Sozialdemokratie. Das Schlimme ist, dass die SPD so tut, als hätte sie die vergangenen elf Jahre keine Regierungsverantwortung gehabt: Unregulierte Märkte, das Streben nach riskanten Spitzenrenditen, spekulative Finanzgeschäfte und gierige Manager stellen in den Augen der Sozialdemokraten die Hauptverantwortlichen der Finanzmarktkrise dar. Die SPD distanziert sich weiter von der Agenda-Politik und ihren Erfolgen und macht unter SPD-Chef Gabriel eine Kehrtwende zurück zu den alten Wohlfühlthemen. Flächendeckende Mindestlöhne, Abkehr von der notwendigen und selbst beschlossenen Rente mit 67 oder Erhöhung des Spitzensteuersatzes bis 60 % wie vom hessischen Landesvorsitzenden gefordert. Doch eine solche Politik des Füllhorns über die Lande auszuschütten führt in eine exorbitante und unverantwortliche Neuverschuldung – dies wird am Beispiel Nordrhein-Westfalen deutlich, wo SPD und Grüne regieren unter Duldung der Linken- als Vorbote für den Bund. 1,8 Milliarden Euro mehr neue Schulden will die Minderheitsregierung in NRW gegenüber dem Haushaltsplan der schwarz-gelben Vorgängerregierung aufnehmen. Mit einer Rekordneuverschuldung von 8,4 Milliarden Euro zeigen SPD und Grüne in NRW, wie wenig glaubhaft ihre Kritik am Sparkurs in Berlin ist. Der Rückfall in die klassisch linke Politik der 70er und 80er Jahre, hin zu mehr Sozialausgaben, höheren Steuern und noch mehr Verschuldung würde den jetzt beginnenden nachhaltigen Aufschwung mit Sicherheit abwürgen und vor allem dazu führen, dass Deutschland wie unter der Zeit von Schröder und Fischer die Stabilitätskriterien nicht einhält und Europa ein fatales Signal sendet.

Die Schuldenbremse bedeutet, dass der Bund spätestens ab dem Jahr 2016 nur noch maximal 0,35 % des Bruttoinlandsprodukts als neue Schulden aufnehmen darf. Die Bundesländer dürfen ab 2020 gar keine neuen Schulden mehr machen. Bei Konjunkturkrisen und Naturkatastrophen sind Ausnahmen unter strengen Bedingungen, die jedoch noch nicht geklärt sind, möglich. In wirtschaftlich guten Jahren müssen Rücklagen gebildet oder Schulden getilgt werden.

Die Schuldenbremse, die in Deutschland allen Regierungen in Bund und Ländern den Abbau des Etatdefizits vorschreibt, hat eine wohltuend disziplinierende Wirkung. So etwas ist auch auf europäischer Ebene notwendig. Erfreulicherweise denken einige EU-Regierungen darüber nach. Deutschland hat jetzt schon Gesamtschulden von rund 1,7 Billionen (1.700.000.000.000) Euro. Die Finanzkrise hat und wird auch weiterhin tiefe Löcher in die Haushalte von Bund, Ländern und Gemeinden reißen. Deutschland muss also nach der Krise dringend damit anfangen, die vorhandenen Schulden abzutragen, anstatt wie seit Jahrzehnten immer neue Schulden zu machen. Bund und Länder haben diese Notwendigkeit erkannt und bei der Föderalismusreform II 2009 beschlossen eine Schuldenbremse ins Grundgesetz aufzunehmen, um die Neuverschuldung zu reduzieren. Dennoch wird die nächste Generation den riesigen Schuldenberg von mindestens 2 Billionen Euro erben. Neben der expliziten Verschuldung gilt es jedoch noch die implizite Verschuldung zu beachten. Der Umfang der Staatsverschuldung ist nach Berechnungen des Freiburger Finanzwissenschaftlers Bernd Raffelhüschen dreimal höher als offiziell ausgewiesen. Noch viel stärker als die sichtbare Verschuldung von Bund, Ländern und Kommunen würden die Schulden, die in unserem Sozialstaat versteckt sind, zu Buche schlagen.[43] Seinen Angaben zufolge liegt die gesamte Schuldenlast der öffentlichen Haushalte bei 6,2 Billionen Euro statt der offiziellen 1,9 Billionen Euro. Raffelhüschen rechnet zur Gesamtverschuldung auch jene finanziellen Rücklagen hinzu, die der Staat eigentlich bilden müsste, um die künftigen Ausgaben finanzieren zu können. Die Rentenversicherung und die Beamtenpensionen, die Kranken- und Pflegeversicherung weisen gemessen an ihren Leistungsversprechen implizite Schulden in der Größenordnung von rund 6 Billionen Euro auf. Wenn wir den Staatsbankrott verhindern wollen, müssen endlich Haushaltsüberschüsse erzielt werden. Dies geht nicht ohne eine Reduzierung zahlreicher staatlicher Leistungen – auch und gerade im Sozialbereich, aber auch bei den unzähligen Subventionen. Auch die Beamtenprivilegien werden insbesondere von den Bundesländern angepackt werden müssen, da diese besonders hohe Personalkosten haben, insbesondere wegen der Verantwortung für Lehrer und Polizisten.

Wenn die Staatsverschuldung zu einer unkontrollierten Erhöhung der Zinsen und zur Inflation, also einem breiten Anstieg der Verbraucherpreise, führt, zahlen insbesondere die Bezieher kleiner und mittlerer Einkommen die Zeche. Inflation ist unsozial. Moderate Inflation ist wirtschaftlich sinnvoll, denn Preise signalisieren Knappheit. Unternehmer wissen, welche Waren gefragt sind, wovon sie mehr produzieren müssen und wovon weniger. Wird die Geldentwertung unkontrollierbar, erfüllt Geld nicht länger seine wichtigste Funktion als anerkanntes Zahlungsmittel. Der wirtschaftliche Horizont von Investoren, Unternehmern, Banken und Verbrauchern verkürzt sich in Phasen radikaler Unsicherheit auf das Heute, Produktivität und Wirtschaftskraft brechen ein.

Inflation schadet vor allem den Schwachen. Wer im Wesentlichen vom Lohn seiner Arbeit lebt, ist in der Inflation im wahrsten Sinne des Wortes arm dran. Der Wert von Sparbüchern, Lebensversicherungen und Renten verfällt. Besser geht es allen, die reale Werte besitzen: Immobilien, Gold oder Land - und das sind nicht die Armen einer Gesellschaft. Inflationsgewinnler sind diejenigen, die unsolide gewirtschaftet haben. Der Staat weiß: Schulden sind mit zunehmender Inflation weniger wert, die Schuldenlast wird quasi leichter.

Kommt es allerdings trotz der Schuldenlawine nicht zu dem o.g. Szenario ist es die Mitte der Gesellschaft, die zahlt. Der Ökonom Roger Bootle rief Ende der

43 So Raffelhüschen in der Tageszeitung «Die Welt» vom 21.03.2010.

neunziger Jahre bereits den „Tod der Inflation" aus.[44] Wie kann es dazu kommen? Es wird vor allem der Sieg der Notenbanken ins Feld geführt, die eine glaubwürdige Stabilitätspolitik verfolgen. In Anbetracht der Politik von EZB und insbesondere der FED trifft dies vielleicht auf die 90er Jahre zu, muss aber in Zukunft nicht unbedingt gelten angesichts der beängstigenden Ausweitung der Geldmenge mit altbekannten und unkonventionellen Methoden, deren Folgen niemand absehen kann. Entscheidender ist aber der Einfluss des globalen Wettbewerbs und der Globalisierung. Handelsschranken sind gefallen, aus den aufstrebenden Ländern drängen dauerhaft billige Waren zu uns und sorgen für stabile Preise.

Die Armen sind die Profiteure einer hohen Staatsverschuldung, wenn sie zu deren Finanzierung nichts beitragen und von der Schulden- und Zinslast verschont bleiben. Jene, die Staatsleistungen in Anspruch nehmen, profitieren von der Ausweitung staatlicher Leistungen, welche die Steuerzahler seit Jahren schultern. Die nachfolgenden Generationen zahlen in diesem Fall die Zeche. Wohlhabende profitieren also nicht von der Staatsschuld, insbesondere im Tilgungsfall. Schon Bundeskanzler Adenauer hatte über eine Vermögensabgabe in Deutschland das Thema Entschuldung angegangen.

Nur eine Entschuldung über Wirtschaftswachstum ist also sozial vertretbar. Bei einem Verzicht auf Neuverschuldung schrumpft bei wachsender Wirtschaft die Schuldenlast im Verhältnis zum BIP. Die Vereinigten Staaten hatten im Zweiten Weltkrieg eine hohe Staatsverschuldung angehäuft. Das kräftige Wirtschaftswachstum in der Nachkriegszeit erleichterte es den Amerikanern, ihre Staatsschulden deutlich zu reduzieren.

Ein nachhaltiges Wirtschaftswachstum sehen die Prognosen allerdings gerade für jene Länder und Regionen nicht vor, deren Schuldenlast zur Besorgnis Anlass gibt wie zum Beispiel Südeuropa oder Japan. Generell stehen viele verschuldete Industrienationen vor einem demographischen Wandel, der die Aussichten auf ein starkes und nachhaltiges Wirtschaftswachstum trübt. Experten wie etwa DEKA-Ökonom Karsten Junius führt eindrücklich aus, dass sich mit moderaten Inflationsraten die Last hoher Schuldenberge mittelfristig kaum reduzieren lässt, da kurzfristig auch die Zinslasten zum Problem werden.[45]

Nur mit dem Ziel, die laufenden Defizite zurückzufahren und idealerweise Haushaltsüberschüsse zu erzielen, um auch die Gesamtverschuldung zu reduzieren, kann es gelingen, eine Überschuldung mit allen fatalen Konsequenzen zu vermeiden. Dies hat in den achtziger Jahren in Dänemark sowie in den neunziger Jahren in Schweden und den Niederlanden funktioniert. Dies erfordert allerdings nicht nur einen langen Atem und Horizont über Wahlperioden hinweg, sondern ist

44 Bootle, Roger: The Death of Inflation: Surviving and Thriving in the Zero Era, Nicholas Brealey Publishing, 1996
45 Inflation hat mehrere Übel, Interview mit Karsten Junius in der FAZ, 19.März 2010

auch kurzfristig bei Regierten und Regierenden höchst unpopulär. Flankieren lässt sich diese Politik natürlich mit höheren Steuern und Vermögensabgaben, wie es die Parteien von Links bis Grün fordern. Die liberale Alternative hierzu wäre die Privatisierung des immer noch gigantischen staatlichen Vermögens von Unternehmen, Immobilien, Wälder, Grund und Boden sowie Infrastruktur. Privatisierungen und Subventionsabbau sollten auch einen Beitrag zum Abbau von Staatsschulden leisten, der wie oben beschrieben nicht ohne weniger staatliche Leistungen funktionieren kann.

Nachwort: Ist der Euro noch zu retten?

Der Euro wird nicht scheitern, weil er im Kern stabil ist. Trotz aller Krisen war sein Wechselkurs immer in normalen Bandbreiten. Einzelne Länder mit eigenen Währungen würden auf exogene Schocks wie die Finanzkrise sehr viel sensibler reagieren mit entsprechenden volkswirtschaftlichen Verwerfungen. Vor allem aber hat der Euro trotz aller Unkenrufe und real existierenden Probleme sein zentrales Versprechen erfüllt, Inflation zu vermeiden. Auch dies wird dauerhaft gelingen, wenn die Staaten aus der Schuldenspirale entkommen. Als Ganzes braucht die Euro-Zone den internationalen Vergleich nicht zu scheuen. Die Staatsverschuldung ist niedriger als in den USA, der Außenhandel im Gleichgewicht. Der Euro steht nicht schlechter da als Pfund oder Dollar. Der Fokus der Märkte und der Öffentlichkeit kann sich 2011 ganz schnell von Euro-Land in die USA begeben, wenn einzelne Bundesstaaten dort Finanzierungsprobleme bekommen werden.

In erster Linie Deutschland, aber auch alle übrigen Mitgliedsländer haben kein Interesse an einem Scheitern des Euros. Die Schuldnerländer könnten mit neuer Währung ihre Schulden in Euro nicht bezahlen und Deutschland würde ohne Euro höhere Wechselkurse und Zinsen verkraften müssen. Neue Wechselkursrisiken durch neue Währungen in Europa sind zudem auch nicht im Interesse der deutschen Wirtschaft, die in allererster Linie immer noch mit Abstand in Europa ihre wichtigsten Absatzmärkte hat. Ob neue Währungen nicht auch zu mehr Protektionismus führen würden, ist auch eine Frage, die sich dann stellen würde. Im Moment profitiert niemand mehr als Deutschland vom Euro und dies wird auch noch eine ganze Weile anhalten. Aber auch politisch würde Deutschland einen hohen Preis für ein Scheitern des Euros zahlen. Eine Renationalisierung Europas kann nicht in deutschem Interesse sein. Nicht nur, aber besonders Frankreich wäre es absolut unvermittelbar, die gemeinsame Währung aufzugeben. Nicht nur aus rechtlichen, aber vor allem aus ökonomischen und politischen Gründen ist jede Debatte über die Aufteilung des Euro in eine Nord- und Südwährung oder gar die Wiedereinführung der D-Mark absolut realitätsfern. Bei allem Grund zur Besorgnis darf man keine Hysterie aufkommen lassen: Der Euro ist stabil. Europa befindet sich derzeit primär in einer Staatsschuldenkrise, nicht in einer Währungskrise. Die Refinanzierungsprobleme einzelner Staaten können jedoch auf verschiedenen Wegen gelöst werden. Ein wichtiger Faktor in diesem Zusammenhang spielt etwa der zunehmende Wunsch ausländischer staatlicher und privater Investoren nach einer Diversifizierung ihres Portfolios. Gerade Asien verfügt über hohe Währungsreserven, die es gilt anzulegen. Hiervon könnte Europa stark profitieren, während der Dollar-Raum zunehmend unter Druck geraten könnte.

Letztlich muss daher die Ausgangsfrage umformuliert werden. Es kann nicht um die Rettung des Euro als solchen gehen. Vielmehr muss gefragt werden, wie viel diese Rettung kosten wird und wer hierfür den Preis bezahlen muss. Wann rettet Europa wen zu welchen Kosten? Die Klärung dieser Frage sorgt auch für mehr Sicherheit bei den Anlegern auf den Anleihemärkten.

Nach aufmerksamer Lektüre meines Buches werden Sie erkannt haben, dass es für mich auf die letzte Frage, nämlich nach der Beteiligung an den Kosten ein ganz klares Stufensystem zukünftig geben muss.

In erster Linie muss auch weiterhin ein Land für seine Schulden aufkommen. Dieses Prinzip der Eigenverantwortung, dass mithin gerade durch deutsches Drängen als Geist der Währungsunion zugrundeliegt, darf nicht aufgegeben werden. Entsprechende Erweiterungen des bailout-Verbots dürfen daher nur mit äußerster Vorsicht und unter Wahrung strikter Konditionen vorgenommen werden. Ein in diesem Sinne eher „deutsches Europa" in währungspolitischen Fragen ist eben nicht aus deutscher, sondern auch aus gemeinschaftlicher Sicht wünschenswert.

Da – im sprichwörtlichen Sinne - erfahrungsgemäß die Eigenanstrengungen des Staates erheblich schwerer ausfallen müssen, wenn das Kind erst einmal in den Brunnen gefallen ist, muss bereits präventiv stärker als früher auf die Mitgliedsländer eingewirkt werden, ihre Finanzen in Ordnung zu halten. Dies hat nichts mit Gängelei zu tun. Es gibt ein eigenes nationales Interesse daran, nicht dauerhaft über die eigenen Verhältnisse zu leben, und es gibt darüber hinaus das übergeordnete Interesse an einer stabilen gemeinsamen Währung. Wie eng beide Fragen zusammenhängen, konnte man dieses Jahr leider zur Genüge beobachten. Die derzeit laufenden Reformarbeiten am Stabilitätspakt sind daher ausdrücklich zu begrüßen. Allerdings steht zu befürchten, dass sie nicht ausreichen werden. Trotz den im letzten Jahr aller Orten zu hörenden Schwüre nach einer strengeren Haushaltsdisziplin und stärkeren Verpflichtung auf die Stabilitätskriterien, bleiben Zweifel: „Die Botschaft hör ich wohl, allein mir fehlt der Glaube." Die zukünftige stärkere Berücksichtigung des Schuldenstandes, der frühere Einsatz des Sanktionsmechanismus – alles gut und richtig. Aber letztlich sind dies beinahe nur kosmetische Korrekturen angesichts des eigentlichen Problems, das dem Regelwerk des Stabilitätspakts zugrunde liegt. Denn solange der Sanktionsmechanismus des präventiven Arms in der alleinigen Entscheidungsgewalt der Mitgliedsländer liegt, wird der Stabilitätspakt weiterhin politisch manipulierbar und instrumentalisierbar sein und damit der berühmte Tiger ohne Zähne bleiben. Der politische Mut reicht nicht aus zur stückweisen Selbstentmündigung, der eigentlich erforderliche Quantensprung bleibt damit aus. Ob man wirklich aus der Krise die Lehre gezogen hat, dass es weder dem betreffenden Land noch der gemeinsamen Währung gut tut, wenn die Mitgliedstaaten, die Europäische Kommission und die EZB sich wie die sprichwörtlichen drei Affen verhalten nach dem Motto „Nichts sehen, nichts hören, nichts sagen", bleibt abzuwarten. Wortschöpfungen wie „quasi-automatisch" oder noch mitten in der Krise aufkommende Überlegungen zur Ausweitung der Ausnahmeregelungen der Stabilitätskriterien lassen allerdings nichts Gutes hoffen. Das Europäische Parlament kann aber durch sein Mitspracherecht in der haushalts- und wirtschaftspolitischen Überwachung helfen, die - leider auch in Deauville praktizierte - Verwässerung des Stabilitätspaktes durch die Mitgliedsstaaten zu stoppen und hier harte Regeln mit europäischem Mehrwert zu schaffen.

2011 werden weitere PIIGS-Staaten unter Druck geraten. Sollte Spanien sich nicht mehr refinanzieren können, wird eine Vergrößerung des Rettungsschirms schwer zu vermeiden sein. Realistisch gesehen wird es also wohl auch weiterhin zu akuten Finanzkrisen einzelner Mitglieder kommen. Gut, dass man mit den Finanzmärkten einen Generalschuldigen gefunden hat, die unverantwortlicherweise kein gutes Geld dem schlechten hinterherwerfen wollen und die Länder mit hohen Zinssätzen daher unter Druck setzen. Mancher scheint da Ursache und Wirkung zu verkennen. Ohne überbordende Staatsverschuldung gäbe es keine Spekulation, hinter der auch keine Heuschrecken sondern ganz rationale Anleger stecken.

Es muss von dem betreffenden Land verlangt werden, zunächst zu versuchen, sich selbst am sprichwörtlichen Schopfe aus dem Sumpf zu ziehen. Die Fälle Griechenland und Irland haben gezeigt, dass dies überaus harte, aber nicht unmögliche Maßnahmen verlangt, die zwar einen massiven innenpolitischen Druck erzeugen, langfristig aber für die sowohl finanzielle als auch strukturelle Gesundung des Landes unabdingbar sind. Die strengen Bedingungen und Durchsetzung durch den IWF sind sicherlich der größte Transfer von nationaler Souveränität, der überhaupt vorstellbar ist. In der deutschen Debatte fehlt es meines Erachtens stark an Empathie und Verständnis dafür, was den Bürgern und Staaten in Griechenland oder Irland zugemutet wird durch internationale Gremien und Entscheidungen. Man stelle sich vor, was in Deutschland der Fall wäre, wenn solch drastische Sanierungspakete mit Steuererhöhungen und Sozialabbau von Dritten aufgezwungen werden. Daher muss jedem klar sein, dass mit den sehr harten Bedingungen das absolute Maximum im Interesse der deutschen Steuerzahler und aller anderen Gläubiger dafür getan wird, damit Kredite und Bürgschaften auch wirklich bedient werden. Es gibt eben keinen Blankoscheck, sondern sehr harte Bedingungen, was den Deutschen nicht gerade positiv angerechnet wird bei einigen unserer europäischen Freunde. Es hat sich darüber hinaus auch gezeigt, dass der politische Wille der Länder, diesen harten Weg unter Aufsicht des IWF zu gehen auf den Finanzmärkten ein entsprechendes Echo und Anerkennung findet.

Aber auch die Finanzmärkte können zukünftig nicht mehr bei der Bewältigung von Krisen außen vor gelassen werden. Viele mag erstaunt haben, wie sehr gerade die FDP auf die Beteiligung der privaten Gläubiger in der Zukunft Wert gelegt hat und weiter legt. Aber diesem Erstaunen liegt letztlich nur ein falsches Verständnis von liberaler Politik zugrunde, nämlich das eines neo-liberalen Schreckgespenstes, welches möglichst alles deregulieren will und vor allem freie Fahrt für Banken und sonstige Finanzmarktakteure schaffen will. Das typische Gut-und-Böse-Klischee. Ich weise darauf hin, dass die Liberalen in der Krise einen differenzierten Umgang mit den Märkten an den Tag gelegt haben. Es ist kein Widerspruch, die Gründe der Krise nicht bei den Anleihezeichnern, sondern zu allererst bei den Anleihegebern zu sehen, gleichzeitig aber für den Fall der Krise von den Anleihenzeichnern zu verlangen, das in Kauf genommene Risiko der Zahlungsunfähigkeit des Anleihegebers auch nun zu tragen. Deshalb habe ich von Anfang an betont, dass der gordische Knoten der „too big to fail"-Problematik, die sich nun von der Bankenkrise auf die Staatsschuldenkrise übertragen hat, nur dann zerschlagen werden kann, wenn man einen kohärenten Ansatz verfolgt. Über eine Verschärfung des Stabilitätspakt werden die Staaten zu Recht strenger in die Verantwortung genommen, aber gleichzeitig muss auch mit einer Neuordnung der Finanzmärkte das Ziel der Verringerung eines systemischen Risikos verfolgt werden, damit der aus dem Lot geratene Risiko-Rendite Mechanismus wieder gestärkt wird. Viel wurde bereits erreicht, es gibt aber noch Schwachstellen, die es gilt anzugehen. Erst wenn die staatliche Insolvenz eines kleineren oder mittleren Staates nicht wieder zu einem finanzpolitischen Tsunami führt, können die Staaten des Euroraumes auch wieder für die Märkte glaubwürdig ankündigen, eine No-Bailout-Klausel einhalten zu wollen. Denn wenn sich eines in der Krise gezeigt hat, dann: Die EU ist ein schlechter Bluffer, die Märkte wollen die Karten auf dem Tisch sehen.

Dass das Thema der staatlichen Insolvenz nicht wieder in der Schublade verschwunden ist, sondern gegen alle Widerstände in Brüssel durchgesetzt werden konnte, ist neben der - hoffentlich auch in Zukunft verhinderten Einführung von Eurobonds - der wohl größte politische Erfolg der Bundesregierung im vergangenen Jahr. Man muss ihn aber nichtsdestotrotz nüchtern betrachten. Er ist ein Erfolg der Realpolitik und geht nicht so weit, wie ich mir das gewünscht hätte. Ich hoffe, dass wenigstens der gefundene Kompromiss auch konsequent in der Praxis umgesetzt werden wird. Wenn letztlich aus mehr oder weniger fadenscheinigen Gründen immer wieder im Einzelfall eine Beteiligung der privaten Gläubiger abgelehnt werden wird und stattdessen direkt die Rechnung an die Adresse der Mitgliedstaaten mit Deutschland als größtem Geldgeber gehen wird, dann sehe ich die reelle Gefahr, dass sich die Bürger mehr und mehr enttäuscht von Europa, aber auch der eigenen politischen Klasse abwenden werden.

Wenn Europa die Kraft zu angebotsorientierten Reformen hat wird die Staatsschuldenkrise bewältigt werden. Hier sollte es auch mehr Koordinierung in Europa geben. Die Bundesregierung sollte in diesem Sinne eine europapolitische Initiative starten um das Wettbewerbsgefälle nicht zu vergrößern und auch um wieder europapolitische Akzente zu setzen und nicht als Bremser wahrgenommen zu werden. Europa braucht Kredithilfen für die starken, aber illiquiden Staaten und im Notfall eine kontrollierte Entschuldung für die insolventen und damit schwachen Staaten.

Meines Erachtens darf die Inanspruchnahme von finanziellen Hilfen nur der allerletzte Ausweg, die ultima ratio sein. Dabei sind Haftungsgemeinschaft und Transferunion zwei Paar Schuhe. Die EU ist längst eine Transferunion. Ich bin auch Realist genug, um zu wissen, dass die vergangenes Jahr getroffenen Entscheidungen den Grundstein dafür gelegt haben, auch die Eurozone zur Transferunion zu machen. Das mag man bedauern, war aber kurzfristig notwendig um den Euro nicht zu sprengen. Es muss für Deutschland aber jetzt darum gehen, den Daumen auf dieser Entwicklung drauf zu behalten. Deutschland ist mit Abstand der größte Geldgeber und hat jedes Recht nun weiter zu treffende Entscheidungen nach seinem Interesse durchzusetzen oder auch zu verhindern. Dies ist auch jedem in Europa klar. Dennoch muss Deutschland unseren europäischen Partnern besser erklären, dass es nicht nur um das Geld der deutschen Steuerzahler geht, sondern um richtige ordnungspolitische Regeln für Europa. Bestes Beispiel hierfür ist die Ablehnung Deutschlands von Eurobonds. Durch die strikte Ablehnung durch Deutschland konnte die Vergemeinschaftung der Schulden und damit die Schaffung einer Haftungsgemeinschaft abgewehrt werden, was in erster Linie für die Währungsgemeinschaft als Ganzes sinnvoll ist. Warum sollte Deutschland eine Regelung befürworten, deren Kosten in etwa den zusätzlichen jährlichen Einsparungen entsprächen, die die Bundesregierung im Rahmen des Sparpakets bis 2014 plant? Deutschland muss nicht seine seine eigene Zukunftsfähigkeit auf dem Altar einer falsch verstandenen europäischen Solidarität mit gemeinsamen Anleihen opfern, die das Schuldenproblem für einige kurzfristig lindert, aber langfristig eben für die europäische Gemeinschaft verschärft.

Deutschland ist wie alle anderen Euro-Mitglieder solidarisch mit seinen europäischen Freunden und Partnern und wird sich auch einer Vergrößerung des Rettungsschirmes im Notfall nicht entziehen. Die Politik - und damit vor allem die Bundesregierung- muss endlich den Bürgern die komplizierte neue Weltlage und die Gründe für all die schwierigen, aber notwendigen Kompromisse besser erklären. Wer suggeriert, nichts müsse sich ändern, rote Linien einzieht, die nicht zu halten sind, weckt Erwartungen, die zwangsläufig enttäuscht werden. Eine Haftungsgemeinschaft zu verhindern ist mittel- und langfristig im besten europäischen Interesse. Eine Transferunion ist nicht nur unvermeidlich, sondern schon bereits Realität.

Europäische Solidarität ist notwendig und in unserem ureigenen Interesse. Notwendig ist, dass die richtigen Regeln endlich angewendet werden, denn Geld alleine löst die Probleme in Europa nicht. Es gibt auch eine Solidarität, ja eine Verpflichtung gegenüber den eigenen Bürgerinnen und Bürgern, die zu Recht darauf vertrauen, das die geltende Währung als wichtiger Pfeiler des Wohlstands stabil bleibt. Diesen an die Politik gegebenen Auftrag gilt es weiterhin verfolgen, damit in Zukunft übereiltes ad-hoc-Handeln mit unüberschaubaren Folgen nicht mehr alternativlos bleibt – im Leben und der Politik gibt es immer Alternativen.

Anhang

Abbildung 1

Strukturdaten der PIIG-Staaten in % des BIP - Stand Ende 2008					
	Konsumquote	Investitions-quote	Darunter Ausrüstungen	Exportquote	Importquote
Griechenland	72,4	19,4	9,1	23,2	33,4
Irland	50,1	21,7	4,7	83,5	73,2
Italien	59,1	20,9	9,1	28,8	29,3
Portugal	66,5	21,7	7,3	33,0	42,5
Spanien	57,2	28,8	7,4	26,5	32,4
Deutschland	56,5	19,0	8,1	47,3	41,0
Quelle: Eurostat.					

Abbildung 2

Die Zinssätze für zehnjährige Staatsanleihen

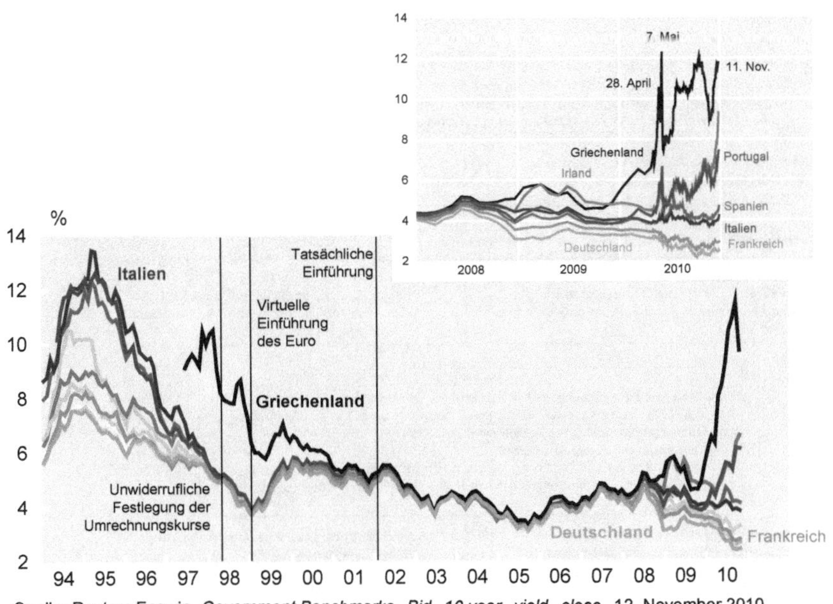

Quelle: Reuters Ecowin, *Government Benchmarks*, *Bid*, *10 year*, *yield*, *close*, 12. November 2010.

Abbildung 3

Schuldenkrise - Permanenter Verstoss gegen den Stabilitätspakt

	2001	2002	2003	2004	2005	2006	2007	2008	2009
1. Defizitquote (laufender Haushaltssaldo in % des BIP; (Defizit - bzw. Überschuss +)									
Griechenland	- 4,4	- 4,8	- 5,7	- 7,4	- 5,3	- 3,6	- 5,1	- 7,7	- 13,6
Irland	+ 0,9	- 0,3	+ 0,4	+ 1,4	+ 1,7	+ 3,0	+ 0,1	- 7,3	+ 14,3
Italien	- 3,1	- 3,0	- 3,5	- 3,6	- 4,4	- 3,3	- 1,5	- 2,7	- 5,3
Portugal	- 4,3	- 2,9	- 3,0	- 3,4	- 6,1	- 3,9	- 2,6	- 2,8	- 9,4
Spanien	- 0,7	- 0,5	- 0,2	- 0,4	+ 1,0	+ 2,0	+ 1,9	- 4,1	- 11,2
Deutschland	- 2,8	- 3,6	- 4,0	- 3,8	- 3,3	- 1,6	+ 0,2	+ 0,0	- 3,3
Euro-Raum	- 1,9	- 2,6	- 3,1	- 3,0	- 2,6	- 1,3	- 0,6	- 2,0	- 6,3
2. Staatliche Schuldenstandsquote (Schuldenstand in % des BIP)									
Griechenland	117,7	117,2	112,0	114,2	114,5	97,8	95,7	99,2	115,1
Irland	37,4	35,2	34,1	32,7	32,7	24,9	25	43,9	64
Italien	120,2	119,4	116,8	117,3	119,9	106,5	103,5	106,1	115,8
Spanien	61,9	60,3	55,3	53,4	50,6	39,6	36,2	39,7	53,2
Deutschland	59,7	62,1	65,3	68,7	71,1	67,6	65,0	66,0	73,2
Euroraum	73,7	74,1	75,0	75,8	76,8	68,3	66,0	69,4	78,7
Quelle: OECD, Eurostat.									

Abbildung 4

Reform der präventiven Komponente des SWP: Überwachung der Umsetzung der Stabilitäts- und Konvergenzprogramme (dritter Verfahrensschritt)

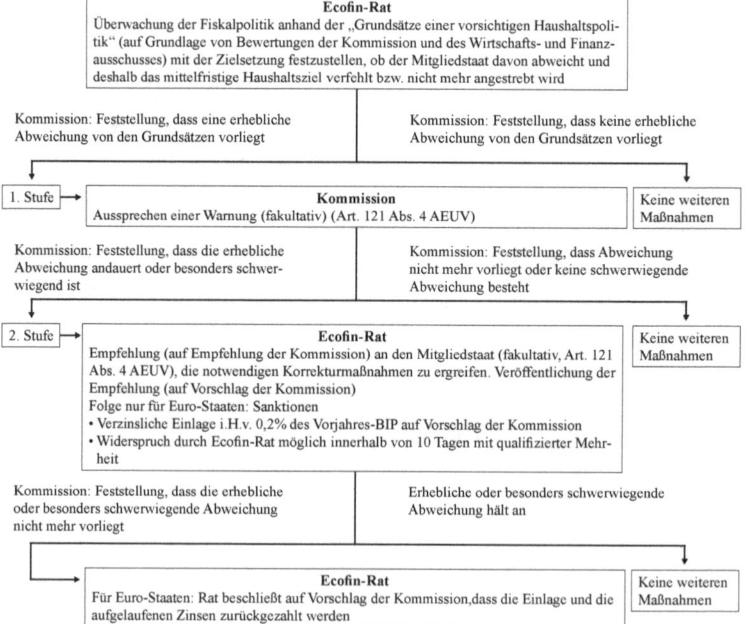

Abbildung 5

Reform der korrektiven Komponente des SWP: Verfahren bei einem übermäßigen Defizit

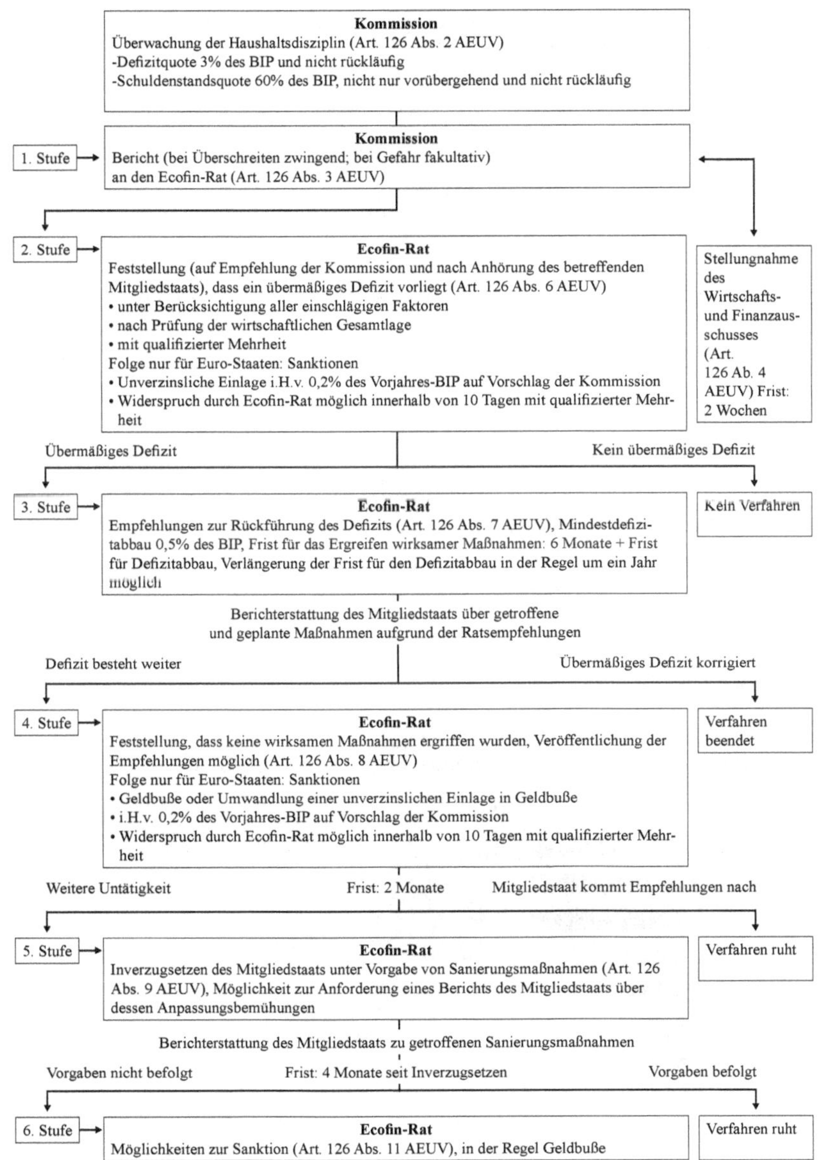

Abbildung 6

Warnmechanismus

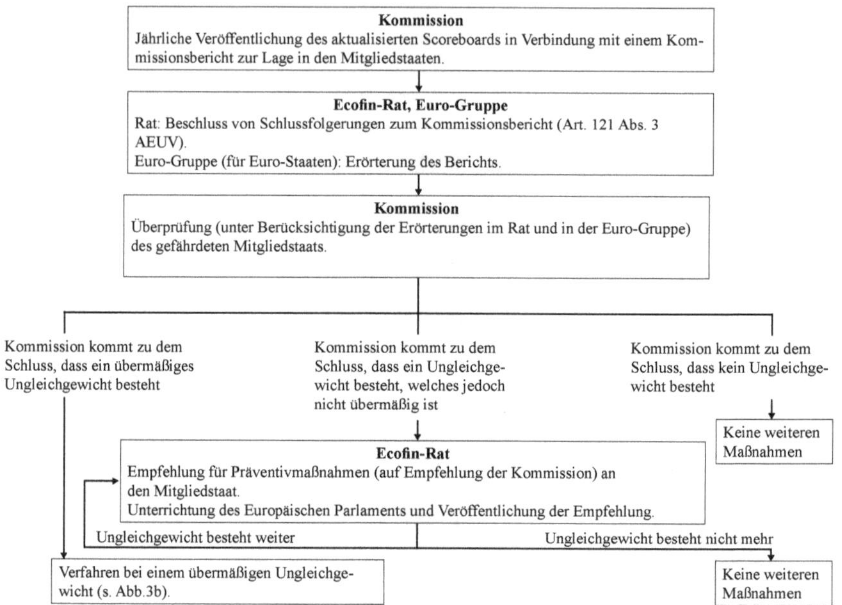

Abbildung 7

Forderungen ausländischer Banken gegenüber den Staaten Griechenland, Irland, Portugal und Spanien (GIPS)

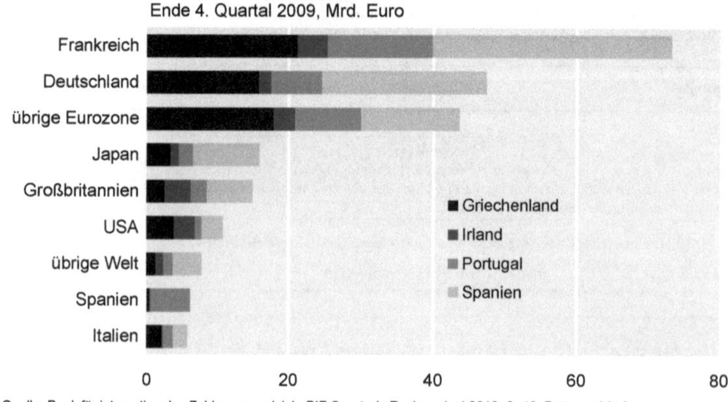

Quelle: Bank für internationalen Zahlungsausgleich, BIZ Quarterly Review, Juni 2010, S. 19, Daten auf Anfrage.

Abbildung 8

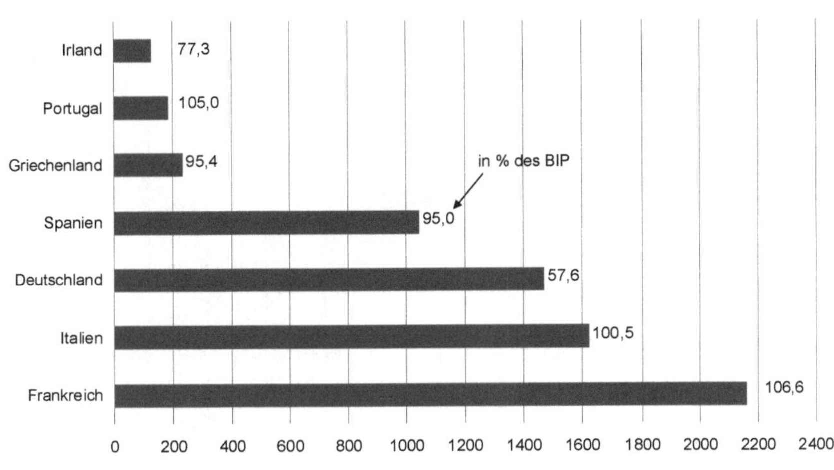

Quelle: Bloomberg, UniCredit Research

Abbildung 9

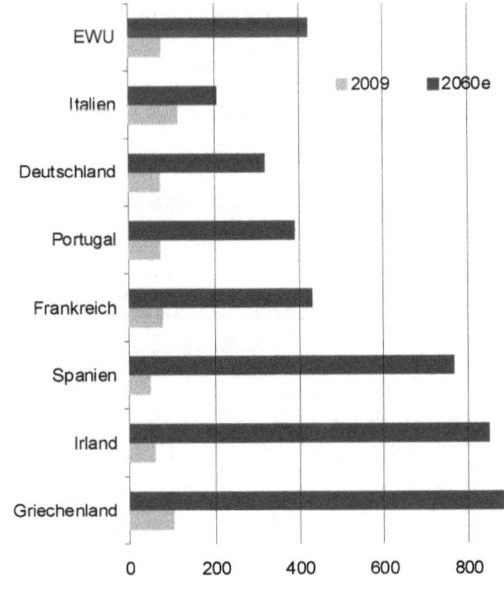

Quelle: UN, EU-Kommission, UniCredit Research

Abbildung 10

Anzahl der Verstöße gegen die Maastricht-Defizitgrenze (1999-2009, Griechenland 2001-2009)

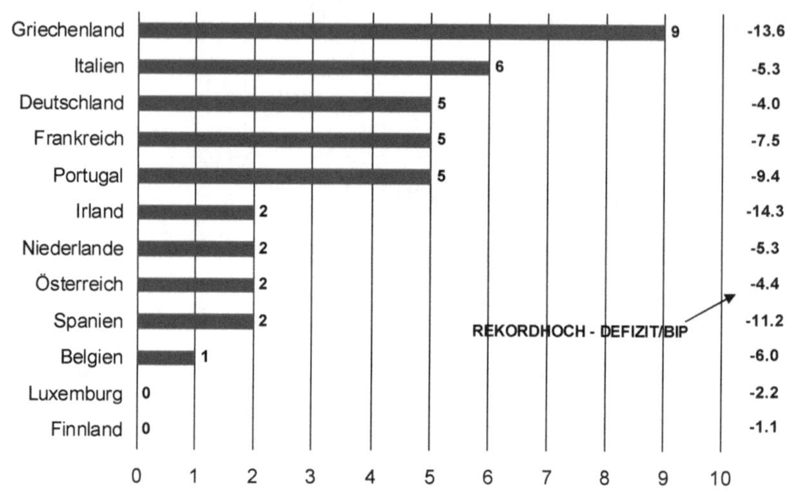

Quelle: EU Kommission, UniCredit Research

Abbildung 11 (Stand: Oktober 2010)

Übersicht Sanktionsregime Status quo, KOM-Vorschlag, Taskforce-Ergebnis und Deauville-Erklärung

	Status quo	KOM-Vorschlag	Taskforce	Deauville
Artikel 126(6)	Verfahrenseröffnung: Feststellung übermäßiges Defizit mit qualifizierter Mehrheit. Stufe als einzige wenig anfällig für politische Interpretation *22x gegen Euro-MS seit Bestehen der Eurozone*			
Sanktionen	keine Sanktion lediglich Frist zur Rück- führung des Defizits (Art. 126(7))	**Automatische Sanktion** unverzinsliche Einlage: 0,2% BIP. Widerspruch mit qM innerhalb 10 Tagen möglich.	Grds. keine Sanktion Sanktionen in schwerwiegenden Fällen möglich (nicht näher spezifiziert)	Keine Sanktion
Artikel 126(8)	Nach 6 Monaten: Feststellung keine wirksamen Maßnahmen mit qualifizierter Mehrheit *4x gegen Euro-MS seit Bestehen der Eurozone*			
	keine Sanktion ggbf. neue Fristsetzung	**Automatische Sanktion** Strafzahlung: 0,2% BIP Widerspruch mit qM möglich.	**„Quasi-automatische" Sanktion** Geldbuße verhängt durch Ratsbe- schluss mit umgekehrter Mehrheit (=Minderheit).	**Unklar** **(„automatische Sanktionen" erwähnt, aber auch Ratsentscheidung mit qual. Mehrheit)**
Artikel 126(9)	Inverzugsetzung mit qualifizierter Mehrheit *2x gegen Euro-MS seit Bestehen der Eurozone*			
	keine Sanktion ggbf. neue Fristsetzung	-- -	Zusätzliche Geldbußen (nicht näher spezifiziert)	---
Artikel 126(11)	Finanzsanktion mit qualifizierter Mehrheit *nie gegen Euro-MS seit Bestehen der Eurozone*			
Primärrechtlich: ***qualifizierte Mehrheit** nur Euro-Staaten*	• Angaben zu Emissionen von Staatsanleihen, • Überprüfung Darlehenspolitik der EIB, • Hinterlegung unverzinslicher Einlage, • Geldbuße.	wie Status quo	wie Status quo	wie Status quo

Abbildung 12

Haftungssummen (in Mrd. Euro)

	Ländergemeinschaft	Deutschland	Frankreich
EFSF	440	147,4	110,7
EFSM	60	11,3	11,1
IWF-Hilfe (parallel EFSM und EFSF)	250	14,9	12,3
EU-Hilfe Griechenland	80	22,3	16,8
IWF-Hilfe Griechenland	30	1,8	1,5
EZB-Staatsanleihenkäufe	63	17,2	12,9
SUMME	923	215,0	165,3
Hinweise: Hinweise: 1. Zeile: EZB-Kapitalanteile (Eurozone ohne Griechenland), um 20% erhöht. 2. Zeile: Anteil am EU-Budget 2009. 3. Zeile: Aktueller IWF-Kapitalanteil (5,98% für Deutschland und 4,94% für Frankreich). 4. Zeile: EZB-Kapitalanteil (Eurozone ohne Griechenland. 5. Zeile: Wie Zeile 3. 6. Zeile: EZB-Kapitalanteil (Eurozone).			

Quellen: EFSF Framework Agreement, 7. Juni 2010, www.bundesfinanzministerium.de, 5. Juli 2010; EU, The European Stabilization Mechanism, Council Regulation (EU) Nr. 407/2010 vom 11. Mai 2010 establishing a European financial stabilisation mechanism, www.eur-lex.europa.eu, 7. Juli 2010; European Commission, EU Budget, 2009 Financial Report (Luxemburg 2010), S. 62; EZB, 1. Januar 2009 – Adjustments to the ECB´s Capital Subscription Key and the Contribution Paid by Slovakia, Press release 1. Januar 2009; EZB, Konsolidierter Ausweis des Eurosystems, mehrere Pressemitteilungen, www.ecb.int; IWF, Updated IMF Quota Data – Juni 2010, www.imf.org, 5. Juli 2010; Berechnungen des ifo Instituts.

Abbildung 13

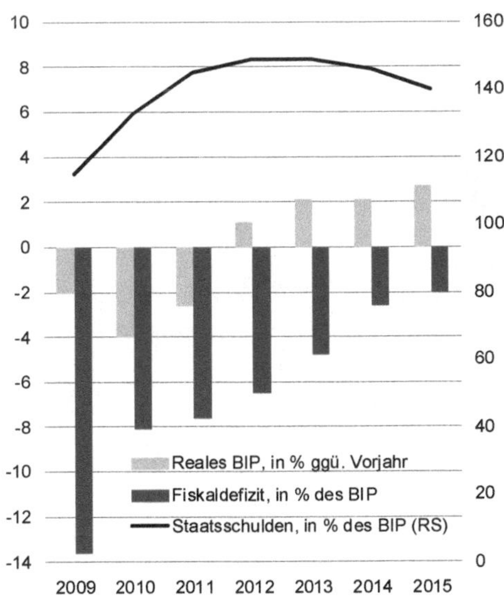

Abbildung 14

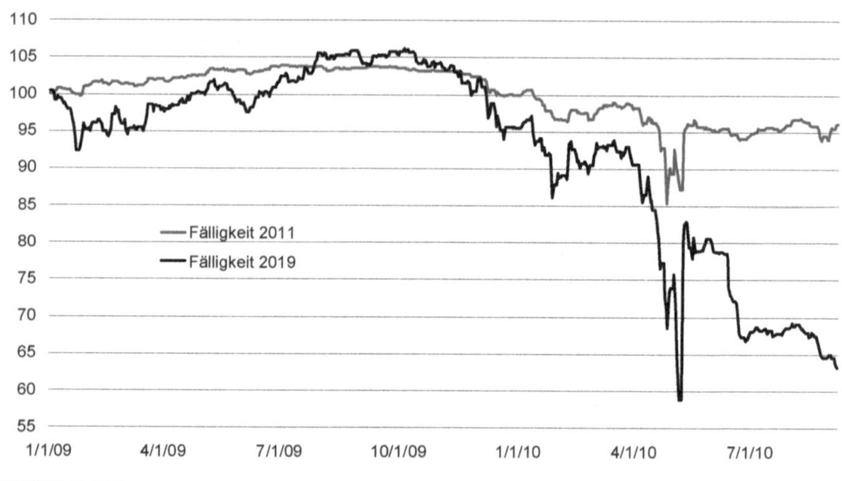

Quelle: Bloomberg, UniCredit Research

Abbildung 15

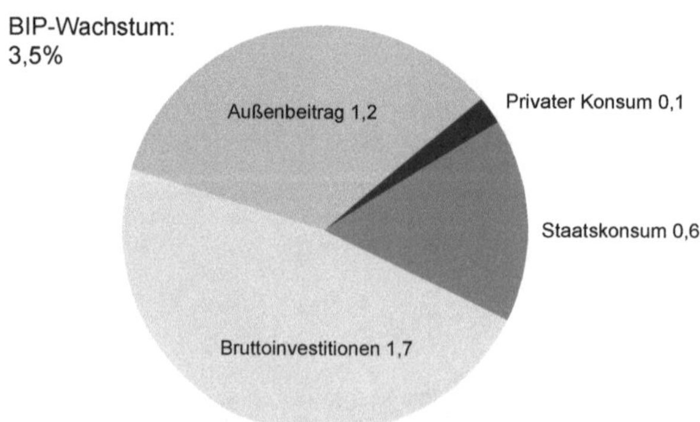

Quelle: Gemeinschaftsdiagnose, Herbstgutachten 2010.

Abbildung 16

Indikatoren wirtschaftlicher Entwicklungsverläufe

	2001	2002	2003	2004	2005	2006	2007	2008	2009
1. Reales Wirtschaftswachstum (in % ggü. Vj.)									
Griechenland	4,2	3,4	5,9	4,6	2,2	4,5	4,5	2,0	- 2,0
Irland	5,8	6,5	4,4	4,6	6,2	5,4	6,0	- 3,0	- 7,1
Italien	1,7	0,5	0,1	1,4	0,7	2,0	1,5	- 1,3	- 5,0
Portugal	2,0	0,8	- 0,8	1,5	0,9	1,4	1,9	0	- 2,7
Spanien	3,6	2,7	3,1	3,3	3,6	4,0	3,6	0,9	- 3,6
Euro-Raum	1,9	0,9	0,8	1,9	1,8	3,1	2,8	0,6	- 4,1
Deutschland	1,2	0,0	- 0,2	1,2	0,8	3,2	2,5	1,3	- 4,7
2. Inflationsrate (Verbraucherpreisindex in % ggü. Vj.)									
Griechenland	3,7	3,9	3,4	3,0	3,5	3,3	3,0	4,2	1,3
Irland	4,0	4,7	4,0	2,3	2,2	2,7	2,9	3,1	- 1,7
Italien	2,3	2,6	2,8	2,3	2,2	2,2	2,0	3,5	0,8
Portugal	4,4	3,7	3,3	2,5	2,1	3,0	2,4	2,7	- 0,9
Spanien	2,8	3,6	3,1	3,1	3,4	3,6	2,8	4,1	- 0,2
Euro-Raum	2,4	2,3	2,1	2,2	2,2	2,2	2,1	3,3	0,3
Deutschland	1,9	1,4	1,0	1,8	1,9	1,8	2,3	2,8	0,2
3. Entwicklung der Lohnstückkosten (Index, 2005 = 100)									
Griechenland	104,9	126,1	127,1	120,1	100,0	100,0	105,2	107,4	107,8
Irland	87,0	82,1	90,7	94,4	100,0	97,7	94,4	100,0	94,8
Italien	80,6	84,3	93,7	98,4	100,0	101,1	103,7	108,9	120,0
Portugal	93,3	95,0	96,6	98,3	100,0	101,5	98,9	98,2	97,1
Spanien	85,7	88,0	93,6	97,2	100,0	102,4	104,9	110,4	111,1
Euro-Raum	84,4	88,8	100,0	103,7	100,0	98,5	99,4	102,1	106,6
Deutschland	100,0	101,8	106,2	105,8	100,0	95,9	93,6	91,1	92,4
4. Leistungsbilanz (Leistungsbilanzsaldo in % des BIP)									
Griechenland	- 7,3	- 6,8	- 6,5	- 5,8	- 7,5	- 12,8	- 14,7	- 13,8	- 13,1
Irland	- 0,7	- 1,0	0	- 0,6	- 3,3	- 4,1	- 5,3	- 5,2	- 2,9
Italien	- 0,1	- 0,8	- 1,3	- 1,0	- 1,2	- 2,0	- 1,8	- 3,1	- 3,2
Portugal	- 9,9	- 8,1	- 6,1	- 7,6	- 9,8	- 10,4	- 9,8	- 12,1	- 10,5
Spanien	- 3,9	- 3,3	- 3,5	- 5,3	- 7,5	- 9,0	- 10,0	- 9,5	- 5,1
Euro-Raum	0,1	0,7	0,5	1,2	0,2	0,3	0,3	- 0,9	- 0,6
Deutschland	0,0	2,0	1,9	4,6	5,2	6,6	7,9	6,6	5,0
Quelle: OECD, Eurostat.									

Abbildung 17

Verfahren bei einem übermäßigen Ungleichgewicht

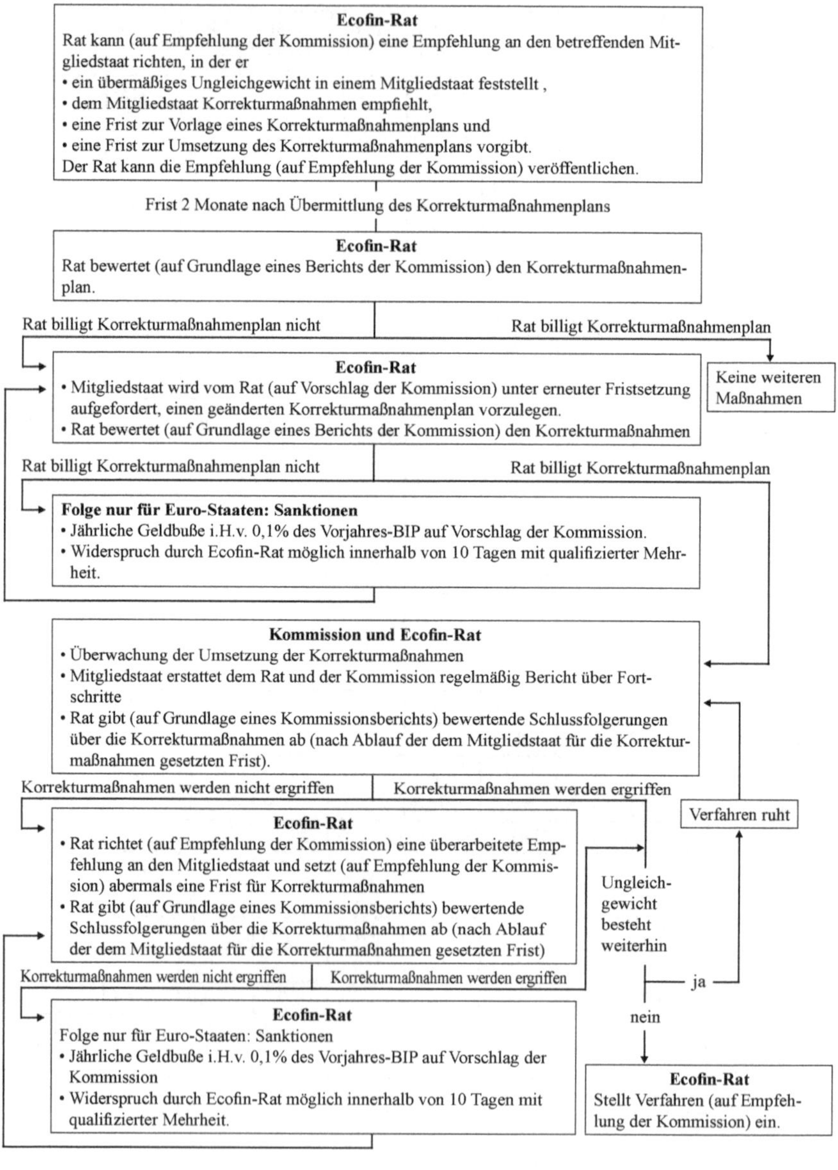

Zeitfracht Medien GmbH
Ferdinand-Jühlke-Straße 7
99095 Erfurt, Deutschland
produktsicherheit@kolibri360.de